创新创业成长导航

主　编	王　卓	罗立军	
副主编	余永龙	黄小奇	叶作龙
编　委	江　君	谭剑音	范　烨
	腰　蓝	桑星连	曹　劲
	薛　晖	郑雅媗	张　晨
	钟远珊	李叶红	李毅彩

电子科技大学出版社
University of Electronic Science and Technology of China Press
·成都·

图书在版编目(CIP)数据

创新创业成长导航 / 王卓,罗立军主编. —
成都：电子科技大学出版社,2022.2
ISBN 978 - 7 - 5647 - 9476 - 7

Ⅰ. ①创… Ⅱ. ①王… ②罗… Ⅲ. ①大学生
– 创业 – 高等职业教育 – 教材 Ⅳ. ①G647.38

中国版本图书馆 CIP 数据核字(2022)第 009806 号

创新创业成长导航
王卓　罗立军　主编

策划编辑　陈松明　熊晶晶
责任编辑　熊晶晶

出版发行　电子科技大学出版社
　　　　　成都市一环路东一段 159 号电子信息产业大厦九楼　邮编 610051
主　　页　www. uestcp. com. cn
服务电话　028 – 83203399
邮购电话　028 – 83201495

印　　刷　天津市蓟县宏图印务有限公司
成品尺寸　185mm × 260mm
印　　张　14
字　　数　301 千字
版　　次　2022 年 2 月第 1 版
印　　次　2022 年 2 月第 1 次印刷
书　　号　ISBN 978 – 7 – 5647 – 9476 – 7
定　　价　49. 80 元

CONTENTS

本书为准备创业的新人而编写,目的是要帮助创业新人了解市场和消费环境,用系统的分析工具对自身及即将投入的创业项目进行全面有效的解读,围绕创业点子、产品开发、团队建设、项目执行,学习和借鉴前辈的创业经验教训,避免走不必要的弯路,从而更快地实现人生理想。

作为新时代新人才的一份成长导航图,本书既有基于心智模式的"认知论",又有基于行为模式的"方法论",以期帮助大学生将所学专业知识与创业教育内容进行交叉融合,相互渗透。

学习过程贯穿"企业家视角",使学生从更高的境界和格局发现问题、分析问题,着手学做商业策划与项目实施;在专业学习和实践过程中,借助具体的创业工具和创业方法,进行具体创业项目的开发与运作,直接实现创业行动,从而自主形成创新精神、创业精神、冒险精神、团队精神和敬业精神,具备成功企业家的个性特质。

创新创业教育是最大的思政教育,"培养新时代创新创业人才"是创新创业类课程教育工作的根本要求。本书牢牢贯彻思政教育对课程的引导,从搭建高水平创新创业人才培养体系的目标出发,把促进学生个体完善、健康成长作为本课程教育教学工作的出发点和落脚点,把培养社会主义建设者和接班人明确和隐含需要的能力和特性的总要求作为本课程教育教学改革发展的核心任务。用思想政治工作体系贯通教学体系、教材体系,提升、激发学生个体的本质力量,实现越来越少地传授知识,越来越多地激励思考、点化智慧。通过教学过程,使学生正确理解创新创业与就业、个人职业生涯发展的关系,理解新时代对"双创"人才的要求,树立科学的"三创观",主动适应国家经济社会发展和人的全面发展需求,自觉遵循创新创业规律,积极为将来投身创业实践做准备。

本书由王卓、罗立军担任主编,余永龙、黄小奇、叶作龙担任副主编。编者及单位情况如下:

广东食品药品职业学院:王卓、罗立军、江君、谭剑音、范烨、曹劲、薛晖、郑雅媚、腰蓝、张晨、钟远珊、李叶红、李毅彩。

广州理工学院:余永龙。

广州科技职业技术大学:叶作龙。

广东工贸职业技术学院:黄小奇。

上海百特教育咨询中心:桑星连。

本书编写分工为:桑星连编写任务1,曹劲编写任务2,余永龙、王卓编写任务3和任务4,薛晖编写任务5,郑雅媗编写任务6,腰蓝编写任务7,江君编写任务8,叶作龙编写任务9和任务11,范烨编写任务10,谭剑音编写任务12和任务13,黄小奇编写任务14和任务15。王卓、罗立军负责全书策划和统稿。余永龙、张晨、钟远珊、李叶红、李毅彩为本书的"知识拓展""智慧链接"等部分提供了大量的素材。

本书的出版,首先要感谢领导的信任和不断鼓励,使我将粗浅的教学思考编撰成册,形成更广范围的交流学习;再要感谢我的家人,在我编写期间默默承担了所有重任,即便我的父亲尚在重病治疗期间,他也是一如既往地全力支持;同时也要感谢编写团队的每一位成员,时间紧任务重,大家坚守工作岗位的同时,付出了大量个人休息的时间;还要感谢出版社的编辑,配合协调一丝不苟,审校工作认真负责,确保本书的顺利出版。在此向所有参与和支持本书出版的同事、友人、家人表示衷心的感谢!

由于本人知识水平有限,加之时代发展变化很快,虽在编写过程中竭尽全力,多次审改,慎之又慎,但仍难免疏漏和不妥,恳请同行、专家与读者批评指正。

王卓

2021 年 12 月

CONTENTS

目录

课程学习平台

照镜子

谋路子

亮点子

搭班子

称银子

列单子

判卷子

育苗子

插旗子

💡 项目导读

  大学是人生的一个转折点,进入大学,人生就进入了一个崭新的时期,新的学习生活环境充满着希望和挑战。大学为我们继续获取知识、培养技能、发挥潜能、展示才华提供了更大舞台。

  在"大众创业、万众创新"的时代,创新创业是大学生生涯规划的必修课,其教育目的在于个体心智模式和行为模式的重塑、双创素质的培养、核心精神品质的形成,使学生获得人生的内外修炼,开启从平凡走向伟大的人生征途。

任务1　读懂时代的呼唤

【思政燃灯】

1. 建立自上而下式的管理能力。
2. 建立宏观与微观的思维方式。

【行动工具包】

1. 语言能量魔法棒。
2. 认知百宝箱。

1.1　建立【是什么】的世界观／人生观

——明确课程学习总目标。
——理解财富思维是什么,财富和创业的关系。

1. 我国大学生创业的发展现状

课堂互动

> 　　教师就本课程的教学设置、教学安排、考核方式等内容以及授课教师个人的基本情况,进行概要说明。

　　"大众创业、万众创新"出自2014年9月夏季达沃斯论坛上李克强总理的讲话,李克强总理提出,要在960万平方公里土地上掀起"大众创业""草根创业"的新浪潮,形成"万众创新""人人创新"的新势态。

　　李克强总理2018年在《政府工作报告》中首次提出要打造"双创"升级版。在2018年9月6日的国务院常务会议上,李克强总理强调:"打造大众创业、万众创新升级版,不仅要巩固近年来快速发展的新业态、新模式,还要向更广阔的领域拓展,使创业创新在更大范围、更高层次和更深程度上蔚然成风。"

　　《国务院关于推动创新创业高质量发展打造"双创"升级版的意见》(国发〔2018〕32号)指出:创新是引领发展的第一动力,是建设现代化经济体系的战略支撑。近年来,大众创业、万众创新持续向更大范围、更高层次和更深程度推进,创新创业与经济社会发展深度融合,对推动新旧动能转换和经济结构升级、扩大就业和改善民生、实现机会公平和社会纵向流动发挥了重要作用,为促进经济增长提供了有力支撑。当前,我国经济已由高速增长阶段转向高质量发展阶段,对推动大众创业、万众创新提出了新的更高要求。

中国大学生创业的历史可以追溯到改革开放之初,而广泛的大学生创业则是在1998年清华大学举办的首届大学生创业设计大赛之后迅速发展起来的。他们的加入为创业大军注入了一股新的活力。

当今社会下,大学生创业相比过去面临更多的市场机会,同时,大学生创业的动机也有了一定的变化。在过去很长一段时间里,大学生就业状况良好,创业被认为是摆脱工作束缚,发挥个人价值,达到理想彼岸的金光大道。而现在,大学生渐渐用一种更为平和的心态面对创业。

创业环境变化也同样对大学生创业产生了很大的影响。近年来,国家相继出台了一批鼓励大学生创业的优惠政策,各地政府部门也都推出了针对大学生的创业园区、创业教育培训中心等。国内众多高校也纷纷创立了自己的创业园,为学生创业提供支持,以此鼓励大学生自主创业。在各种条件不断完善的前提下,大学生创业将机会转化为现实的可能性增大了。

大学生作为创业大军中的一个特殊群体,拥有比较高的文化水平,容易接受新鲜事物,各种羁绊也较少,创业能够轻装上阵。但相比之下,由于涉世不深,缺乏各种经验,资本积累薄弱等原因,也容易导致项目夭折,成功率不高。统计数据显示,中国整体的创业成功率基本达到30%,而在创业大军中,大学生创业成功率仅为3%左右,仅占成功创业企业的一成。

课堂互动

投票:你有创业计划吗?(　　　　)

A. 不敢想

B. 不在计划内

C. 想试试但没信心

D. 一定会付诸行动

请填写你此刻的想法。过段时间回来看看你的想法会不会有变化。同时,也请在网络学习平台或纸质问卷上填写你的选项,方便授课教师做数据统计和跟踪。

2.“财富的思维”是什么

“财富的思维”是什么?先来看第一组数据。2021年2月8日,胡润研究院发布《2020方太·胡润财富报告》(*FOTILE·HURUN WEALTH REPORT 2020*),揭示了目前中国拥有600万人民币资产、千万人民币资产、亿元人民币资产和3000万美元资产的家庭数量和地域分布情况,如图1-1~图1-5所示。

图 1-1　胡润财富报告

▼

600万人民币资产"富裕家庭"城市分布Top 10（单位：户）

		"富裕家庭"数量	比上年增加
❶	北京	715,000	+11,000 ↑
❷	上海	611,000	+9,000 ↑
❸	香港	519,000	−2,000 ↓
❹	深圳	174,000	+4,000 ↑
❺	广州	166,000	+4,000 ↑
❻	杭州	127,000	+2,900 ↑
❼	宁波	98,600	+2,700 ↑
❽	佛山	74,700	+1,700 ↑
❾	台湾	70,300	+700 ↑
❿	天津	64,600	+500 ↑

图 1-2　600 万人民币资产"富裕家庭"城市分布图

▼

千万人民币资产"高净值家庭"城市分布Top 10（单位：户）

		"高净值家庭"数量	比上年增加
❶	北京	294,000	+6,000 ↑
❷	上海	255,000	+6,000 ↑
❸	香港	223,000	+1,000 ↑
❹	深圳	75,700	+2,000 ↑
❺	广州	68,900	+1,300 ↑
❻	杭州	48,200	+1,600 ↑
❼	宁波	36,000	+1,200 ↑
❽	台北	33,000	+600 ↑
❾	佛山	31,300	+700 ↑
❿	天津	26,100	+300 ↑

图 1-3　千万人民币资产"高净值家庭"城市分布排行

▼
亿元人民币资产"超高净值家庭"城市分布Top 10（单位：户）

		"超高净值家庭"数量	比上年增加
❶	北京	19,300	+400 ↑
❷	上海	16,200	+400 ↑
❸	香港	12,500	+100 ↑
❹	深圳	5,390	+170 ↑
❺	广州	4,350	+90 ↑
❻	杭州	3,340	+120 ↑
❼	宁波	2,480	+90 ↑
❽	台北	2,400	+50 ↑
❾	天津	2,220	+30 ↑
❿	苏州	1,960	+60 ↑

图1－4　亿元人民币资产"超高净值家庭"城市分布排行

▼
3000万美金"国际超高净值家庭"城市分布Top 10（单位：户）

		"国际超高净值家庭"数量	比上年增加
❶	北京	13,000	+300 ↑
❷	上海	11,600	+300 ↑
❸	香港	8,330	+50 ↑
❹	深圳	3,670	+120 ↑
❺	广州	2,740	+60 ↑
❻	杭州	2,490	+100 ↑
❼	宁波	1,830	+70 ↑
❽	台北	1,670	+40 ↑
❾	天津	1,590	+20 ↑
❿	苏州	1,350	+50 ↑

图1－5　3000万美金"国际超高净值家庭"城市分布排行

课堂互动

你的城市上榜了吗？你在这些财富数据里看到了什么？

再来看第二组数据，如图1－6、图1－7所示。

千万人民币资产"高净值家庭"构成

60%企业主

企业的拥有者，这部分人占到60%，比上一年减少5个百分点。企业资产占其所有资产的59%，他们拥有200万的可投资资产（现金及部分有价证券）和价值500万以上的自住房产。

20%金领

金领主要包括大型企业集团、跨国公司的高层人士，他们拥有公司股份、高昂的年薪、分红等来保证稳定的高收入，这部分人占20%，和上一年一样，他们财富中现金及有价证券部分占59%，他们拥有700万以上的自住房产。

10%炒房者

炒房者只要搞投资房房地产，拥有数套房产的财富人士，这部分人占到10%，现金及证券占到其总财富的59%，现金及有价证券占比26%，拥有600以上自住房产。

10%职业股民

他们是从事股票、期货等金融投资的专业人士，这部分人占10%，比上一年增加5个百分点，现金及股票对其总财富的65%，职业股民平均拥有600万以上自住房产。

图1-6　千万人民币资产"高净值家庭"构成图

亿元人民币资产"超高净值家庭"构成

75%企业主

亿元人民币资产"超高净值家庭"中，企业主的比例占到75%，企业资产占其所有资产的68%，他们拥有2000万的可投资资产（现金及部分有价证券），房产占比他们总财富的14%。

15%炒房者

炒房者在这部分人中的占比增加5个百分点到15%，房产投资占到他们总财富的七成以上。

10%职业股民

职业股民在这部分人中的占比增加5个百分点到10%，现金及股票到其总财富的八成以上，房产投资占他们财富的18%。

图1-7　亿元人民币资产"超高净值家庭"构成图

课堂互动

1. 拥有巨额财富的家庭,从职业分布上看有什么特点?
2. 谁是拥有巨额资产的主要人群? 为什么?
3. 从他们的职业分析,"财富"到底是什么?
4. 如果想"赚钱",要跟谁学? 学什么?

从上述数据中不难看出,企业主是拥有巨额资产的主要人群,为什么这个群体能够成为"高净值家庭"和"超高净值家庭"占比最大的人群呢? 为什么他们能赚到"大钱"呢?

根本原因是:企业主看到了市场需求,并通过自己创办的企业向社会和市场提供了某种能解决人们特定需求的产品或服务,而人们为了自己的诉求,愿意支付一定金额的货币购买这些产品或服务。企业主在这个过程中不断与客户做价值交换,所以获得了金钱回报。

也就是说,企业主"赚到钱"只是一个结果,创造并交换价值的过程才是其获得财富的根本原因。所以,学习创新创业课程,赚钱不是第一位的,向优秀的企业家们学习解决问题、创造价值的能力,才是我们的学习目的。

财富的思维

"离开一门赚钱的生意和钱,你还能剩下什么?"才是创新创业课要学的。

就像电影《1942》里,张国立演的地主在逃荒路上说的那句话:"我知道咋从一个穷人变成财主,不出十年,你大爷我还是东家,那时候咱再回来……"

事实往往就是如此。起点相似的人,思维不同,结果也不同。因为,真正决定穷富差距的是"思维"。

1.2　建立【为什么】的价值观

——从个体和国家两个层面理解时代发展为什么需要双创新精神。

1. 为什么要具备"创业的思维"

课堂互动

理解自上而下的管理思维

企业主作为经济个体,为什么能够创业成功,并且获得金钱的回报?让我们一起动手,为企业主绘制一张财富流向图,看懂"创业思维"的价值。

(1)从个体层面分析。

赚到钱只是我们看到的外在结果,为什么这些企业主能够赚到钱呢?因为他们用自己的产品为别人(客户)解决了问题,这是一个为客户提供价值的行为。

为什么企业主能发出这样的行为呢?因为他们具备创造价值的思维。

企业主是如何形成创造价值的思维的呢?因为他们身在一个思考价值的商业环境里,这里有创新创业的良好氛围,有关于商业价值的认知学习。

什么是价值思维

价值思维是指在做决策的时候,通过一系列价值标准进行充分评估,最终做出价值最大化的选择,整个评估的思维体系就叫作价值思维。

一家企业具备价值思维,就会重视长期发展,它以"为客户创造价值"为核心竞争力,抛弃能带来短期利益的价格思维。这种以人(客户)为本的科学发展观对当今中国社会发展的目标、主体、动力、衡量标准等问题都做出了科学的回答,蕴含着马克思主义的价值思维方式。

我们所处的环境决定了我们的认知和思维。所以,想要改变结果必须自上而下地改变环境、改变思维;就好比想要改变财富的结果,就要转变原本的思维方式。思维一变,行为就变,结果才变。大学开设创新创业课程就是在为大学生群体营造双创氛围、培养双创认知、开拓创业思维。

财富金句

1.金钱是一种力量,但更有力量的是教育。

2.看到大多数人看到的地方是眼力,看到少数人看到的地方是眼光,看到别人都看不到的地方是眼界。接受创业教育并建立创业思维的人就能看见并抓住环境和趋势带给我们的机遇。

3.破产和贫穷的区别在于,破产是暂时的,而贫穷是永久的。克服困难,付诸行动,适当冒险,可能会成为第一种人;不做,就注定是第二种人。

近年来,我国大学生就业形势严峻,以创业带动就业成为从中央到地方应对大学生就业难题的重大战略。当前,大学生创业还面临着一些困难,但无论是培养企业家思维还是学习创业基本技能,无论是为了创业还是就业,创业教育这个过程都会为大学生多维度的个人成长助力。

试想一下,创业过程中所需要的每一项技能和能力,在就业过程中是不是也同样需要,并且能够帮助我们的职业发展更好地成长?试想一下,当我们带着创业的思维站在老板的角度、企业发展的角度去做好本职工作,是不是更有机会成就更大的个人价值?试想一下,如果你是一个企业的老板,你是否会提拔一个站在老板角度思考问题、处处为企业发展着想的员工融入你的核心管理团队？所以，无论从是从就业的角度还是创业的角度，创业教育都是当代大学生不可或缺的个人学习成长经历。

（2）从国家层面分析。

纵观世界经济发展历史，大体经历过三次创新创业浪潮：第一次创新创业浪潮产生于资本主义工业革命；第二次是第二次世界大战后复苏的商业经济推动了大量创新创业活动的不断涌现；20世纪80年代以来的新经济革命风暴席卷全球，形成了以经济全球化扩张、信息技术高速发展背景下的第三次创新创业浪潮。

2008年国际金融危机，使全球比以往任何时候都需要通过创新摆脱危机，实现重生。世界主流国家纷纷调整战略方向，推出各自的创新发展战略，焦点不约而同地锁定在新一代互联网、生物技术、新能源、高端制造业等战略新兴产业上，构成新一轮增长竞赛。创新已由摆脱国际金融危机的一种政策选项，升格为新一轮全球经济格局重塑的战略选项。

全球已进入新的创新密集活跃期，创新创业也正在成为改变国家竞争力量的关键因素。当全球科技革命和产业变革与我国加快经济发展方式转变形成重要交汇，中国要适应国际形式，短期实现第一个百年目标、长期实现第二个百年目标，创新创业格局必然发生重大演变。

从国内经济发展阶段看，中国经济正步入发展新常态，进入以颠覆性技术创新为主导的新的历史阶段，处在一个动力切换、结构转变、阶段更替和风险释放的关键时期。"创新红利"的作用将远远超过历史上任何一个时期。

2015年《政府工作报告》首次将"大众创业、万众创新（双创）"上升到国家经济发展新引擎的战略高度。科技创新的"新引擎"正在加速发力。随着互联网、大数据、移动互联网等新一代信息技术的大爆发，创新门槛大幅降低，草根创新、蓝领创新、快捷和低成本创新活动大量涌现，新产品、新业态、新商业模式层出不穷，创新创业的主体多元化，在众创、众包、众扶、众筹等新模式促动下，创新边界和空间大为拓展。特别是自党的十八届五中全会以来，国家对形成促进创新的体制架构、塑造创新引领型发展做出了重要部署，我国创新创业的春天已经到来。

国家播撒创新创业的种子，因为青年时代就是创业时代，我们要抓住国家和时代发展的机遇和浪潮，学习创业的思维、做好创业的准备，迎接我们这一代青年人最好的创业时代。

知识拓展

经济周期

经济周期（Business Cycle）也称商业周期、景气循环，一般是指经济活动沿着经济发展的总体趋势所经历的有规律的扩张和收缩,经济周期是国民总产出、总收入和总就业的波动,是国民收入或总体经济活动扩张与紧缩的交替或周期性波动变化。

企业生产经营状况的好坏,既受其内部条件的影响,又受其外部宏观经济环境和市场环境的影响。企业无力决定它的外部环境,但可以通过内部条件的改善,来积极适应外部环境的变化,充分利用外部环境,并在一定范围内,改变自己的小环境,以增强自身活力,扩大市场占有率。因此,作为创业者,对经济周期波动必须了解、把握,并能制订相应的对策来适应周期的波动,否则将在波动中丧失生机。

经济周期分为繁荣、衰退、萧条和复苏四个阶段,如图1-8所示。

经济周期波动的扩张阶段,是宏观经济环境和市场环境日益活跃的季节。这时,市场需求旺盛,订货饱满,商品畅销,生产趋升,资金周转灵便;企业的供、产、销和人、财、物都比较好安排,企业处于较为宽松有利的外部环境中。

经济周期波动的收缩阶段,是宏观经济环境和市场环境日趋紧缩的季节。这时,市场需求疲软,订货不足,商品滞销,生产下降,资金周转不畅;企业在供、产、销和人、财、物方面都会遇到很多困难,企业处于较恶劣的外部环境中。

经济的衰退既有破坏作用,又有"自动调节"作用。在经济衰退中,一些企业破产,退出商海;一些企业亏损,陷入困境,寻求新的出路;一些企业顶住恶劣的气候,在逆境中站稳了脚跟,并求得新的生存和发展。这就是市场经济下"优胜劣汰"的企业生存法则。

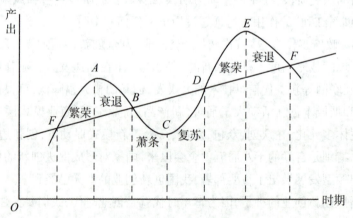

图1-8 经济周期的四个阶段

1.3 建立【怎么做】的方法论

——掌握两个行动工具,弘扬正能量的认知、语言、行为。

——了解本校双创硕果,建立学习信心和更高的学习目标。

1. 语言魔法"棒"

诗人安吉罗(Maya Angelou)说:"言辞就像小小的能量子弹,射入肉眼所不能见的生命领域。"语言看不见摸不着,却有巨大的能量,充满在房间、家庭、环境和我们心里。因为语言是有声的思想,语言是心灵的画像,语言是智慧发展的产物,一个人的才华和风度会通过语言展现出来,看似简单,但影响却相当深远。

谈吐要使用字眼,语言要发出声音,这些字眼和声音终日陪伴,不知不觉地就会影响我们的思想、情绪、心态,甚至命运。语言就是魔法师,说出什么样的话就会成为什么样的人,或者说让自己的状态不断地向那个方向发展。

课堂互动

> 孔子说:一言可兴邦,一言可丧邦。语言可以伤人,也可以助人。语言的功效不在于话的多少,而在于话的质量。我们该如何说话才能发挥语言的魔力,使语言变成一笔重要的财富,让我们的人生路如虎添翼?

行动工具

语言魔法"棒"

让我们尝试用"太棒了"这3个字把生活中的负能量瞬间变成正能量,学会和养成正向积极分析问题的能力。

生命中发生了任何事,我们都要给自己输入正面的信念系统:凡事发生必有其目的,一定有助于我;它不是来折磨我的,是来成就我的。"太棒了"这3个字可以帮助我们瞬间改变视角,马上发现这件事好的一面。

1. 哎呀,错过了一趟公交车!＿＿＿＿＿＿＿＿＿＿＿＿＿＿＿＿＿

2. 手机屏幕摔坏了!＿＿＿＿＿＿＿＿＿＿＿＿＿＿＿＿＿＿＿＿

3. 作业太难了!＿＿＿＿＿＿＿＿＿＿＿＿＿＿＿＿＿＿＿＿＿＿

4. 上台表演搞糟了!＿＿＿＿＿＿＿＿＿＿＿＿＿＿＿＿＿＿＿

5. 我的能力不行!＿＿＿＿＿＿＿＿＿＿＿＿＿＿＿＿＿＿＿＿＿

2. 认知百宝箱

当今,我们正处在一个日新月异、变幻莫测的快节奏时代中,站在新旧事物交替的十字路口,新思维、新思想、新方法、新技术、新模式推动着时代迅猛向前。我们如何能跟紧时代的步伐,而不是被时代的潮流所吞没?答案很简单——努力学习,与时俱进,不断更新自己的技能,充实自己的知识储备,提升自己的认知水平。

"认知"是什么

罗振宇说:认知,不是聪明;认知,不是信息;认知,也不是知识;认知,是你对这个世界的一个抽象的解释系统。

百度百科解释:认知,是指人们获得知识或应用知识的过程,或信息加工的过程,这是人的最基本的心理过程。它包括感觉、知觉、记忆、思维、想象和语言等。人脑接受外界输入的信息,经过头脑的加工处理,转换成内在的心理活动,进而支配人的行为,这个过程就是信息加工的过程,也就是认知过程。

成年人的"成长",长的是"认知水平"。一个人的眼界、格局,和认知水平息息相关,认知水平越高的人,往往眼界更宽、格局更大。

认知水平是一个人的智慧体现。知识谁都可以学,但智慧却不是每个人都有。所以,就造就了每个人的认知水平不同。

思考并分享:不扩大自己的认知可能会怎样?

网上有一段引发很多网友共鸣的话:"你永远赚不到超出你认知范围外的钱,除非靠运气,但靠运气赚到的钱,最后往往又凭实力亏掉,这是一种必然。你所赚的每一分钱,都是你对这个世界认知的变现,你所亏的每一分钱,都是因为对这个世界认知有缺陷。这个世界最大的公平在于,当一个人的财富大于自己认知的时候,社会有100种方法收割你,直到你的认知和财富相匹配为止。"

在积累财富的过程中,谁都不是天生的高手,想要提升财富,就要提高认知层级,培养财富思维,重视规划自己的核心竞争实力,追求"复业"——也就是可以让我们产生复利价值的事,而不是"副业"。

 行动工具

认知百宝箱

未来一切的竞争,其实都是抢占"认知高地"的竞争。所有的成就和财富都建立在认知的基础上。所有的收获都是认知不断积累的结果。而认知的中断或意识的分散会使你事倍功半。

时代在进步,停下就是退步。想要不被这个时代所抛弃,唯有不断学习、拼命学习、终身学习! 学习和不学习,真的过的是两种人生。

请记住:

　　社会是_____

　　脑子是_____

　　认知是_____

　　千万别把认知百宝箱的密码给忘了!

3. 与优秀的人为伍

课堂互动

　　接下来,让我们一起了解我校在创新创业教育和双创课程建设方面取得的累累硕果,看看身边的同龄人、教师、企业导师们正在做什么。

　　与有梦想的人在一起会有远见和希望;与有目标感的人在一起会珍惜时间;与有使命感的人在一起会有大爱;只有与优秀的人为伍,你才能真正知道自己拥有的力量!

定调子

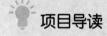 **项目导读**

亲爱的同学们,关于专业学习、未来的创业计划、去哪里刻录年少青春奋斗足迹……这些人生路上必然经历的成长,你有过辗转反侧、痛苦纠结吗?你找到自己想要的答案了吗?

黎明的那道光会穿越黑暗,每个人都有自己的使命和人生风格。人生是一个不断寻找的过程,当你打破一切恐惧,在迷茫中抓住希望,内心充盈,就能成为更好的自己。

任务 2　看清大学到底学什么

【思政燃灯】

世界是矛盾的,当前利益与长远利益是辩证统一的。

【行动工具包】

1.四维视角魔方。

2.刻意练习法。

2.1　建立【是什么】的世界观/人生观

——能够理解读大学是生涯规划的重要一环。

1.生涯规划的含义

课堂互动

> 让我们一起来聊聊:
>
> 1.生涯是什么?
>
> 2.规划生涯能为我们带来什么?

《庄子·养生主》中出现过这样一句话:"吾生也有涯,而知也无涯。""生"是活着的意思,"涯"泛指边际。通俗地讲,生涯就是人的一生。《现代汉语词典》中"生涯"指从事某种活动或职业的生活。生涯的英文单词"Career",本义是两轮马车,后引申为道路,即人生的发展道路。美国国家生涯发展协会(National Career Development Association,NCDA)对生涯给出的定义为:生涯是一个人通过从事某项工作所创造出的一个有目的、延续一定时间的生活模式。从以上可以看出,东西方文化对生涯的理解是一致的。

所以,生涯规划也即人生规划,是对一个人所从事的学习、娱乐、事业、工作等生活模式进行的长远规划。它涵盖了人的一生,既包括职业生涯规划,也包括学习规划、退休后规划等。规划生涯就是给自己的人生绘制理想蓝图的过程,也是进行自我探索、成长奋斗、实现自身价值的过程。

一个人若是看不到未来,就掌握不了现在;一个人若是掌握不了现在,就看不到未来。这就是生涯规划的本质与精髓——立足现在,胸怀未来。

课堂互动

> 《礼记·中庸》里说:"凡事预则立,不预则废;言前定,则不跆;事前定,则不困;行前定,则不疚;道前定,则不穷。"
>
> 同学们,你身边有过哪些事前规划/计划的例子,与没有规划/计划的情况相比较,其结果有何不同?

2. 大学与生涯规划的关系

 智慧链接

美国职业生涯管理专家舒伯(D. E. Super)认为,生涯是一个人终其一生扮演角色的整个过程,生涯的发展是以人为中心的。职业生涯是一个人在就业领域所经历的一系列岗位、工作或职业,以及相关的态度、价值观、愿望等连续的过程。

因此,我们可以这样理解:职业生涯规划就是指对职业生涯和人生发展进行系统和持续的规划,能够明确个人奋斗目标,并编制相应的工作、教育和培训计划,对职业生涯目标实现的时间、顺序和方向做出合理的安排。

同时,舒伯将人的职业生涯发展分为成长、探索、建立、维持、衰退等五个阶段。大学生的年龄阶段正处于职业生涯发展的探索时期,是学习打基础的阶段。大学生在该阶段通过学校、社团、打零工等机会,对自我能力及角色进行探索,职业偏好逐渐具体化、特定化。

美国伊利诺大学教授斯温(Swain)博士针对生涯规划,提出了著名的金三角图形,他认为人在做生涯规划时,要考量"自我""教职"及"环境"三个因素。其中,对自我的认识包含了解个人所追求的生活形态,了解自己的兴趣、能力、价值观、性格等;对教育和职业的探索包括对教育和职业信息的了解、对工作世界的认识等;对环境资源的掌握包括父母、家人、师长、朋友的期许和协助,社会资源的助力或阻力等。

从专家学者对生涯的分析可以看到,大学阶段正是职业生涯的探索阶段,也是人生战略设计、安排未来发展的关键节点。吴晓波在《大败局》一书里告诉我们:"转型过程中,迷茫、反复甚至混乱均在所难免。而走出这一转型期的唯一出路是一往无前地发展,在前行中重建秩序和重构格局,绝不是理智的退缩。"

2.2　建立【为什么】的价值观

——理解读大学的意义在于时间价值和认知价值的最大获取。

1.思考为什么要读大学

网络上有句"鸡汤"是这样说的:"现在过的每一天,都是余生中最年轻的一天。请不要老得太快,却明白得太迟。"你为什么读大学?除了一份工作、一张文凭,你得到了什么? 在美国前总统奥巴马的一篇演讲《我们为什么要上学》中,也许你能获得一些新的思考。

《我们为什么要上学》(节选)

我做过许多关于教育的讲话,也常常用到"责任"这个词。而这就是我今天讲话的主题:对于自己的教育,你们中每一个人的责任。首先,我想谈谈你们对于自己有什么责任。你们中的每一个人都会有自己擅长的东西,每一个人都是有用之材,而发现自己的才能是什么,就是你们要对自己担起的责任。

而且,我可以向你保证,不管你将来想要做什么,都需要相应的教育。医生、教师、警官、护士、建筑设计师、律师、军人……无论你选择哪一种职业,良好的教育都必不可少,这世上不存在不把书念完就能拿到好工作的美梦,任何工作,都需要你的汗水、训练与学习。

不仅仅对于你们个人的未来有重要意义,你们的教育如何也会对这个国家,乃至世界的未来产生重要影响。今天你们在学校中学习的内容,将会决定我们整个国家在未来迎接重大挑战时的表现。

你们需要在数理科学课程上学习的知识和技能,去治疗癌症、艾滋那样的疾病,解决我们面临的能源问题与环境问题;你们需要在历史社科课程上培养出的观察力与判断力,来减轻和消除无家可归与贫困、犯罪问题和各种歧视,让这个国家变得更加公平和自由;你们需要在各类课程中逐渐累积和发展出来的创新意识和思维,去创业和建立新的公司与企业,来创造就业机会和推动经济的增长。

我们需要你们中的每一个人都培养和发展自己的天赋、技能和才智,来解决我们所面对的最困难的问题。假如你不这么做,假如你放弃学习,那么你不仅是放弃了自己,也是放弃了你的国家。

归根结底,你的生活状况——你的长相、出身、经济条件、家庭氛围——都不是疏忽学业和态度恶劣的借口，这些不是你去跟老师顶嘴、逃课或是辍学的借口，这些不是你不好好读书的借口。你的未来，并不取决于你现在的生活有多好或多坏。没有人为你编排好你的命运，在这个国家，你的命运由你自己书写，你的未来由你自己掌握。

而在这片土地上的每个地方，千千万万和你一样的年轻人正是这样在书写着自己的命运。

我希望你们都为自己的教育定下一个目标，并尽自己的一切努力去实现它。你的目标可以很简单，像是完成作业、认真听讲或每天阅读，或许你打算参加一些课外活动，或在社区做些志愿工作；或许你决定为那些因为长相或出身等原因而受嘲弄或欺负的孩子做主、维护他们的权益，因为你和我一样，认为每个孩子都应该有一个安全的学习环境；或许你认为该学着更好地照顾自己，为将来的学习做准备。

不管你决定做什么，我都希望你能坚持到底，希望你能真的下定决心。我知道有些时候，电视上播放的节目会让你产生这样那样的错觉，似乎你不需要付出多大的努力就能腰缠万贯、功成名就，你只要会唱 rap、会打篮球或参加个什么真人秀节目就能坐享其成。但现实是，你几乎没有可能走上其中任何一条道路。

因为，成功是件难事。你不可能对要读的每门课程都兴趣盎然，你不可能和每名代课教师都相处顺利，你也不可能每次都遇上看起来和现实生活有关的作业。并且，并不是每件事，你都能在头一次尝试时获得成功。

但那没有关系。因为在这个世界上，最最成功的人们往往也经历过最多的失败。J. K. 罗琳的第一本《哈利·波特》被出版商拒绝了十二次才最终出版；迈克尔·乔丹上高中时被学校的篮球队刷了下来，在他的职业生涯里，他输了几百场比赛、投失过几千次射篮，知道他是怎么说的吗？"我一生不停地失败、失败再失败，这就是我现在成功的原因。"

他们的成功，源于他们明白人不能让失败左右自己，而是要从中吸取经验。从失败中，你可以明白下一次自己可以做出怎样的改变；假如你惹了什么麻烦，那并不说明你就是个捣蛋鬼，而是在提醒你，在将来要对自己有更严格的要求；假如你考了个低分，那并不说明你就比别人笨，而是在告诉你，自己得在学习上花更多的时间。

没有哪一个人一生出来就擅长做什么事情的，只有努力才能培养出技能。任何人都不是在第一次接触一项体育运动时就成为校队的代表，任何人都不是在第一次唱一首歌时就找准每一个音，一切都需要熟能生巧。对于学业也是一样，你或许要反复运算才能解出一道数学题的正确答案，你或许需要读一段文字好几遍才能理解它的意思，你或许得把论文改上好几次才能符合提交的标准。这都是很正常的。

你要记住,哪怕你表现不好、哪怕你失去信心、哪怕你觉得身边的人都已经放弃了你,你也永远不要自己放弃自己。因为当你放弃自己的时候,你也放弃了自己的国家。

因此,今天我想要问你们,你们会做出什么样的贡献?你们将解决什么样的难题?你们能发现什么样的事物?二十、五十或百年之后,假如那时的美国总统也来做一次开学演讲的话,他会怎样描述你们对这个国家所做的一切?

你们的家长、你们的老师和我,每一个人都在尽最大的努力,确保你们都能得到应有的教育来回答这些问题。例如,我正在努力为你们提供更安全的教室、更多的书籍、更先进的设施与计算机。但你们也要担起自己的责任。

因此我要求你们在今年能够认真起来,你们尽心地去做自己着手的每一件事,希望你们每一个人都有所成就。你们要成为我们的骄傲,我知道,你们一定可以做到。

2019 年,习近平总书记在北京大学师生座谈会上的重要讲话中,对广大青年提出"要爱国,忠于祖国,忠于人民""要励志,立鸿鹄志,做奋斗者""要求真,求真学问,练真本领""要力行,知行合一,做实干家"的要求,希望新时代的中国青年时刻将爱国和奋斗紧密结合起来,脚踏实地做意志坚定的爱国者和永不停歇的奋斗者。今天,新时代的中国青年正处在中华民族发展的最好时期,既面临着难得的建功立业的人生际遇,也面临着"天将降大任于斯人"的时代使命。青年人应树立爱国奋斗的理想信念,努力提升知识水平和实践能力,以实现中华民族伟大复兴为己任,不辜负党的期望、人民期待、民族重托,不辜负我们这个伟大时代,在励志报国和求真实干的过程中使爱国奋斗精神真正成为内化于心、外化于行的不竭动力。

 智慧链接

习近平谈"青年工作"

广大青年要自觉践行社会主义核心价值观,不断养成高尚品格。要以国家富强、人民幸福为己任,胸怀理想、志存高远,投身中国特色社会主义伟大实践,并为之终生奋斗。要加强思想道德修养,自觉弘扬爱国主义、集体主义精神,自觉遵守社会公德、职业道德、家庭美德。要坚持艰苦奋斗,不贪图安逸,不惧怕困难,不怨天尤人,依靠勤劳和汗水开辟人生和事业前程。"看似寻常最奇崛,成如容易却艰辛。"青年的人生之路很长,前进途中,有平川也有高山,有缓流也有险滩,有丽日也有风雨,有喜悦也有哀伤。心中有阳光,脚下有力量,为了理想能坚持、不懈怠,才能创造无愧于时代的人生。

"人才有高下,知物由学。"梦想从学习开始,事业靠本领成就。广大青年要自

觉加强学习,不断增强本领。人生的黄金时期在青年。青年时期学识基础厚实不厚实,影响甚至决定自己的一生。广大青年要如饥似渴、孜孜不倦学习,既多读有字之书,也多读无字之书,注重学习人生经验和社会知识。"纸上得来终觉浅,绝知此事要躬行。"所有知识要转化为能力,都必须躬身实践。要坚持知行合一,注重在实践中学真知、悟真谛,加强磨炼、增长本领。

广大青年要保持初生牛犊不怕虎的劲头,不懂就学,不会就练,没有条件就努力创造条件。"志之所趋,无远弗届,穷山距海,不能限也。"对想做爱做的事要敢试敢为,努力从无到有、从小到大,把理想变为现实。要敢于做先锋,而不做过客、当看客,让创新成为青春远航的动力,让创业成为青春搏击的能量,让青春年华在为国家、为人民的奉献中焕发出绚丽光彩。

(节选,习近平2016年4月26日在知识分子、劳动模范、青年代表座谈会上的讲话)

青年是国家的未来和民族的希望。希望同学们肩负时代责任,高扬理想风帆,静下心来刻苦学习,努力练好人生和事业的基本功,做有理想、有追求的大学生,做有担当、有作为的大学生,做有品质、有修养的大学生。

(节选,习近平2016年4月24日至27日在安徽调研时的讲话)

2. 为什么说读书是做更长远的财富规划

认知决定财富

我们身边有人身价不菲,有运气作用的成分。但很多时候,他们幸运的前提是来自于自身的努力,努力提高自己的认知能力和水平。"看到别人看不到的才能领先于他人",这是40多年改革开放的企业家们的共识。

除了"金钱"之外,真正的财富还包括健康的身体、幸福的家庭、得到无私的爱以及有爱人的能力。但一个人能否看到快乐的元素、感知身边的幸福,却是由他的"认知"决定。

通过认知,才会明白哪些对你来说是最有价值的东西,哪些是最有价值的方法,哪些是你现阶段最应该做的最有价值的事情。巴菲特"价值投资"理论大行其道的深层次原因是他对所投资企业的全方位、多角度的认知。因为认知深刻,才让他获得了巨额的投资回报,才让"股神"这个称号实至名归。

时间大于金钱

尽管每个人对财富的理解不尽相同,但所有财富都需要"时间"这个要素来承载。时间是上天赐予世人最公平的东西,富豪的财产可以高出普通人数千万倍,但其拥有的时间(寿命)却无法高出平均寿命太多。

为什么同样是一天24小时,富豪们却能迅速积累财富?最根本的原因就是富豪们用自己有限的时间撬动了更多人的时间、技能、精力、资本。当一个人的时间能够以指数形式放大时,他拥有的财富也必将呈指数级增长。

(1)读书是一种套利行为,它可以帮我们"薅认知的羊毛"。

奥巴马说:"教育给你们提供了发现自己才能的机会。或许你能写出优美的文字——甚至有一天能让那些文字出现在书籍和报刊上——但假如不在语文课上经常练习写作,你不会发现自己有这样的天赋;或许你能成为一个发明家、创造家——甚至设计出像今天的iPhone一样流行的产品,或研制出新的药物与疫苗——但假如不在自然科学课程上做上几次实验,你不会知道自己有这样的天赋;或许你能成为一名议员或最高法院法官,但假如你不去加入学生会或参加几次辩论赛,你也不会发现自己的才能。"

读书,给我们在未知世界里撕开一个口子,不断向外扩张,让我们知道得更多,能够变得更好。读书,在某种意义上,帮助我们找到自己的"领域",就是自己感知力特别强的地方,然后去做自己擅长的,充分利用自己的长处和优势,这是最划算的"薅认知的羊毛"。

(2)读书是一种套利行为,它可以帮我们"薅时间的羊毛"。

时间有什么妙用呢?我们都学过华罗庚的统筹法。其实,每个领域都有类似烧水泡茶的时间管理方法。最节省时间的方式就是把要做的事情拆开了,把别的事情融进去,这需要更加复杂的时间感知力。当你开始琢磨时间的利用率,能够谋定而后动,把握更好的做事顺序,就能利用这种优势获得效率的大幅提升,"薅到时间的羊毛"。

智慧链接

读书最大的一个好处:帮你偷时间

因为读书多,掌握的知识就会多,做事情的方法也更多。这样我们去做其他事情,效率就更高。

我学习的效果,有一半是读书加成的。比如,我要去学习,我不会直接去学习,我会先去读书,看看书里的科学研究、理论方法、别人的经验、案例,然后我再去实践,用知识指导行为,用行为验证知识。

我健康的效果,有一半是读书加成的。比如,我要研究如何更健康,我不会直接去锻炼,或者自己做饭。我还是会去先读书,看看书里的科学研究、理论方法、别人的经验、案例,然后我再去实践,用知识指导行为,用行为验证知识。

我修心的效果,有一半是读书加成的。比如,我发现自己情绪很差,我就去读书,找到理论、方法后,我开始练习。后来我的情绪就慢慢变得很平和。减少了情绪困扰,就能增加很多有效的学习、做事时间。

其他的,比如写作、沟通、赚钱问题,都可以按这个逻辑来做。

所以,改变事情的顺序,就能享受读书和时间互补的红利最大化。

（节选,Henry 销售咨询师,知乎）

2.3 建立【怎么做】的方法论

——能够从"精业"和"明智"两个角度找到自己大学学习的侧重点。

1.明确大学学习的方向和方式

上课不是为了考试,而是为了以后的生活。

很多同学在并不清楚自己喜欢什么的时候,仅仅只是按照想象、感觉或他人经验选择了现在的专业,对专业的优缺点并没有清晰的认知。进校上学后,对大学生活充满了焦虑,感到困惑和迷茫。其实无论专业"好""坏",并不能决定你的人生或未来的发展。企业选择毕业生时,更关心的是毕业生真正掌握了什么、个人综合能力如何等。所以,你该想想,你到底想过怎样的人生?面试时该用哪些经历或能力来证明自己?专业真能解决所有问题吗?丢开一纸文凭,你还能剩下什么?

智慧链接

图书推荐:《不要等到毕业以后》

大学要不要勤工俭学?大学生如何经营自己的人脉?考研还是就业?牛人的成功能复制吗?大学生创业值得鼓励吗?去上班,还是考公务员?

该书从新生入学后的人生规划、大学期间的社会实践到毕业求职的各方面,全面、深入地回答了困扰着当前大学生的一系列问题。57 条人生成长建议、57 个实操训练、10 位同学的精彩分享、40 本好书推荐。不论你是新生或老生,如果你是不会选择,不敢选择,不能坚持选择的人,如果你是为专业,为就业,为求学,为人生而迷茫的人,这本书会帮你行动起来!

在大学,你的确可能遇到各种各样的老师:有的老师讲课趣味横生,有的老师讲课索然无味;有的老师上课节奏飞快,讲的内容超出指定教材太多,有的老师照本宣科,绝不超纲;有的老师上完课就走了,有的老师上完课愿意留下来跟同学们继续讨论;有的老师喜欢让大家分组练习,有的老师爱布置写小论文。

不管读哪所大学,你都可能会遇到讲课风格让自己难以适应的老师。但大家一定要理解,读大学和读小学、初中、高中是有本质不同的。北京大学钱理群教授有一个观点值得思考:"我觉得其实每个大学都有一些不太好的老师,北大也一样!不可能所有课都是好的……但是,在大学里,关键在于你自己,时间是属于你的,空间是属于你的,你自己来掌握自己,自己来学习。"

在大学,重要的不是记住自己学过什么,而是学会做自己学习的主人,安排好学什么、怎么学。

 智慧链接

麻省理工学院史上最快毕业的学生斯科特·扬,在一年时间内通过互联网学完了四学年的33门课程。他把自己的自学经验写成了一本书,叫《如何高效学习》。

这本书介绍了他的"整体性学习"的多种方法,如:

1.搭建学习结构,编织知识网;

2.用快速阅读捕捉信息,用简单明了的笔记法;

3.复习时想象你在教别人;

4.要有目的地学,不是为了学本身而学;

5.管理好你的精力、睡眠和血糖。

6.批处理零碎任务,集中拿下大任务。

斯科特·扬的"整体性学习"的模型,如图2-1所示。

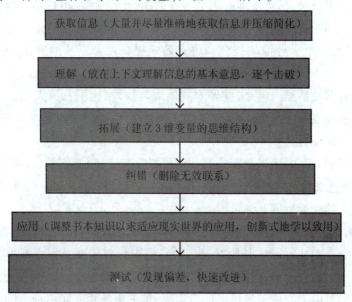

图2-1　整体性学习的模型

2.从工人到匠人到精英的成长

课堂互动

让我们打开课表分析一下,哪些课程是教我们做事的,哪些课程是教我们识人的? 做事的课学了有什么用? 识人的课学了有什么用? 如何结合当前利益和长远利益,做好我们的学习规划?

"专能谋生,通则明智。"大学专业学习是为了精业,通识学习是为了明智。学习首先是要让自己成为业务高手,但更重要的是,让自己成为职业精英。

绝大多数人都希望能借职业超越现状,突破发展的天花板,提升社会地位,但这种困境往往很难破解。为什么简单的努力破不了局?

前谷歌高级资深研究员、原腾讯副总裁吴军博士这样解释:"大部分人接受的教育,只是让我们掌握了单一的或者过于专业化的技能。"社会需要这种技能,我们在物质和荣誉方面获得的酬劳,就是这种技能的市场价格。有人可能会想,我多掌握一种技能,就比别人本事大,机会就多了。这种思维方式是简单工匠式的。

比如在硅谷,很多工程师觉得单靠在公司的工作很难买得起最好学区的房子,于是考了房地产经纪人和保险中介人的执照,从拥有一种技能变成了三种,下班和周末加班加点地做本职工作之外的事情。虽然这样收入看似多了一些,但最后他们是否能比一心在公司工作的人走得更远呢? 真的难说。这样的技能教育,接受得再多,也不过是从一种工匠变成了几种工匠。

做同一件事情时,精英水准的思维与普通执行的思维是不在同一维度的,其差距之大导致达到的高度成为阶层划分的主要因素。精英水准是技术、技能和素质的综合展示,而非单个分散的技艺。更有效地提高综合素质的方法,是接受通识教育。

我们都有名校情结。但是,世界上的顶级名校,相比于二流大学,专业课讲得并没有太多的亮点,那为什么大家要上名校呢? 很重要的一点是学生能够在那里接受到更好的通识教育。

什么是通识教育? 通识教育还有一个更好听名字,叫博雅教育,从拉丁文 Liberal Arts 翻译过来的。"通识"译法强调其内容,"博雅"译法则强调其目的。通识教育对一个人的长远发展非常重要。

今天,虽然很多大学老师在为普及更好的通识教育而努力,但是大学生不应该等到大环境完全塑造好了才开始对自己进行通识教育。过去物质不丰富的年代,人虽然是法律上的自由人,但是时间都用来谋取基本物质了。但是今天,中国人已经从法律上的自由人变成了经济上的自由人,接下来就要变成精神上的自由人,此时通识教育就显得特别有必要。因为一个人要想享受世界、做世界的主人,就要有主人的学识;要想成为社会精英,就要在精神上成为精英,以精英的方式思考,以主人的态度做事。通知教育未必能直接用于谋生,不能直接挣钱,但学习的目的不仅仅是做有知识的劳动者,更要做社会的主人。

有人问埃隆·马斯克,在大学里学什么才能成为企业家。马斯克不假思索地说,像我一样学物理,因为你会因此有一种最适合这个世界的思维方式。可见,在马斯克心里,物理学的那些知识并不重要,重要的是物理学的思维方式,可以做到一通百通。这也道出了通识教育的本质,理解知识的结构化和关联性,思维方法和做事水平会得到明显的提升,并且可被应用于许多地方。

智慧链接

《不要等到毕业以后》读书笔记

当今社会对 T 字形人才的需求越来越高,T 字母包括一横一竖,竖代表专业水平,横代表知识储备。也就是说,一个人才既要有过硬的专业知识,还要具备开阔的视野,有触类旁通的能力。这一竖我们可以通过系统的专业学习来获得,而这一横应当如何积累呢?

如果你特别擅长考试,那么你是不是可以把自己的经验总结成方法论与更多的人分享?说不定你就会顺手成为知乎达人。

如果你学的是服装设计等与美学相关的内容,那么你是不是也可以学一学摄影和视频剪辑,让自己的审美知识和观念影响更多的人。

毕导是清华大学化工系的博士,妥妥的专才。2016 年刚开始写公众号推文,靠一篇《一个清华博士在供暖前给广大学子最中肯的建议》爆红,随后开始用科学知识写"好玩段子"。现在已经开设了自己的自媒体公司,拥有百万粉丝。

用现在的话说,你的一技之长在各种能力的加持下,很容易"出圈"。

《5 分钟商学院》的作者刘润特别擅长分析别人的商业模式,把自己观察到的思考写成文章和书,还开设了"得到"课程。

品牌策划人华杉等写了《超级符号就是超级创意》,阐述自己对超级符号模式的思考和运用,如他操盘的厨邦、西贝等品牌,把操盘思路剖析得很透彻。

吴晓波观察了中国企业的发展历程,从《大败局》开始,一口气写了《激荡三十年》《跌荡一百年》,这些都是现象级的畅销书。

做 T 形人才并没有什么诀窍,无非是做专才时建立属于自己的思维框架,做通才时复盘自己的思维框架。

3.建立长线思维的能力

通过前面学习,我们认识到在大学阶段做好生涯规则中的重要性。我们还需要充分认识到,世界是矛盾的,当前利益与长远利益是辩证统一的,既要高瞻远瞩成就未来,也要积微成著做好当下。不过,很多人进行生涯规划时,往往不习惯,也不擅长做长远规划,这样难免不会产生一些无可挽回的遗憾。

人与人之间的差距,往往是思维层次的差异。爱因斯坦说:"你无法在制造问题的同一思维层次上解决这个问题。"也就是说,在当下的认知层次里,我们会被自己眼里的现象蒙蔽,看不到真实的世界。低层次的问题要去更高的层次里找解决方法;解决问题,需要思维上的升级。

接下来,就让我们通过"四维视角魔方"行动工具的学习,建立你的长远思维的能力。

行动工具

巴菲特、马斯克和贝索斯的独特思维方式

杰夫·贝索斯(Jeff Bezos)、比尔·盖茨(Bill Gates)、沃伦·巴菲特(Warren Buffett)、雷·达利奥(RayDalio)、埃隆·马斯克(Elon Musk)……这些白手起家的亿万富翁企业家为什么可以引领世界潮流?为什么他们有造物之神的美誉?为什么他们可以取得令人不可思议的成功?他们的成功被美国教授 Michael Simmons 在"*See The World Differently*,*Because They See Time Differently*"一文中归结为四维视角的思考方式,如图 2-2 所示。

一维视角:专注于某一个领域,强调专业化,专注的力量可以盛产巨匠。

二维视角:跨学科学习,应用于某个特定领域,是通才,通过跨界学习傲立于世界。

三维视角:从技巧到原理,把看事情的方法上升到原理、哲学和思维模型。

四维视角:是从过去到未来跨越几百年的思考,是在三维视角的基础上,加上时间的维度。从四维视角看世界,也就是长线思维。

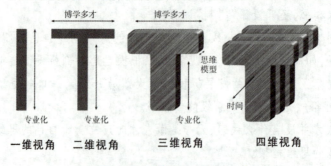

图 2-2 思维的四个维度

长线思维是怎样思考问题的呢?比如杰夫·贝索斯,关于他的航天公司 Blue

Origin，他是这样思考的："我相信，在最长的时间范围内(实际上我想的是几百年的时间范围)，航天公司 Blue Origin 是我正在从事的最重要的工作，比亚马逊更重要。因为如果我们不这样做的话，我们的文明最终将停滞不前，我觉得这令人非常沮丧，我不希望我曾孙的曾孙生活在一个停滞的文明中。"在贝佐斯思考的时间尺度里，数百年只是宇宙中的一瞬间。他把这种思维方式叫作"Day One 哲学"，并将其融入了亚马逊公司的文化里。贝佐斯每天关注的焦点，永远是三年以后的事情。所以当下所取得的成就，几乎都是他三年前思考决策的。

这条道路上，贝佐斯并不孤单。

马斯克创立特斯拉，是为了解决未来的能源危机，而不仅仅是造一部电动汽车，这在他的两个宏图计划里描述得非常详细。而创立 SpaceX，则同样是基于人类的未来考虑。在一次 TED 采访中，马斯克解释他对时间的看法。他认为(个人和人类的)未来有无限的可能性，这些未来发生的概率各不相同。"未来就像概率这条河流的一个分支，我们可以采取一些行动让某个概率实现，也可以让某件事的进展加速或者放慢，或者给这条河引入新的东西。"在马斯克看来，通过改变概率的流向来塑造未来是可能的。

硅谷最著名的孵化器 YC 前总裁 Sam Altman 就曾将长线思维定义为"市场上为数不多的套利机会之一"。他说："当你准备创业时，考虑一些你愿意做出长线承诺的事情是非常值得的，因为这是目前市场空白的所在。"

世界上最大对冲基金公司桥水创始人 RayDalio 为了了解经济，通常会去研究数百年前的经济周期，并因此而闻名。

这些长期思考者重新定义了目光长远的含义。从许多方面来看，它就是一种决策心理模式。

最大的创新机会一般都需要很多年才能得到回报，并且成功的概率很低。传统的 CEO 并不追求这些目标。这就让贝佐斯、马斯克和其他人在超高质量的投资方面遇到的竞争较少。因此，亚马逊、特斯拉和 SpaceX 公司才能在数年时间里领先于其他公司。

我们在生活和商业当中，都应该采用长线思维这种简单而又强大的底层策略，长线思维会给我们带来"套利"优势。

如果你所做的事情是可以在三年内完成的，那么你就是在和许多人竞争。但是，如果你愿意考虑一个 7 年时间的投资，那么你的竞争对手就只是一小部分，因为愿意这么做的公司很少。只要把时间的范围拉长，你就可以去追求一些看起来没办法做的事情。

——杰夫·贝索斯

我们在生活和商业当中，都应该采用长线思维这种简单而又强大的底层策略，长线思维会给我们带来"套利"优势。

如果是寻求即时的满足,你会发现你的前面有一堆人。

——杰夫·贝索斯

每个人都渴望获得成就。当你有额外的精力或者时间时,你会本能且不自觉地把它分配给你生活中能给你带来直接好处的活动(即时满足)。

成功的公司之所以失败,是因为他们的投资对象,往往是那些能带来最直接、最具体好处的东西。它们之所以犯这种短线思维的错误,是因为它们是由像你我这样的人管理的,而我们都是一些专注于即时满足的人。

——哈佛大学教授　克莱顿·克里斯坦森

延迟满足是具备长线思维的人常用的一种手段。延迟满足不是为一个不确定的未来牺牲短期,而是为了一个好得多的未来去牺牲眼前一笔差得多的投入。

当我们用"一生"为周期进行衡量,反思、锻炼、学习、休息、建立关系……这些原本可能属于无聊、分心、无用之事,就会变得极其有意义、至关重要。

长期目标与激情是紧密相连的。建立了清晰的长期目标,你会发现,自己会变得更加努力,充满激情,愿意去学习更多(刻意练习),创造更多(高效产出),精神更加丰富,并乐于克服挑战(韧性)。

人生是场拉力赛,赛场上总会有短跑或长跑的参与者。短跑者寻求短期内获得回报,而长跑者追求的是短期机会带来的长期回报。要想成为长跑选手,在这场拉力赛中会获得更大概率的人生胜利,长线思维是必备条件。

斯坦福大学教授菲利普·津巴多(Philip George Zimbardo)在《津巴多时间心理学》中说,我们对时间的态度对我们的生活产生了深远的影响,但这一点却鲜为人知。时间对于我们,就像水之于鱼一样,是看不见的,但它却跟我们如何做出决定、如何取得成功有着紧密联系。

在用津巴多时间观量表(Zimbardo Time Perspective Inventory)调查了10 000多人之后,津巴多发现,人们对时间的态度可以分为五类:

(1)对过去持积极态度的人关注"美好的过去"。

(2)对过去持消极态度的人关注过去出问题的所有事情。

(3)对当下持享乐主义的人活在当下,会去寻求快乐并避免痛苦。

(4)对当下持宿命论者认为决定毫无意义,因为"该发生的事总归要发生。"

(5)面向未来的人会为未来做好计划,并相信他们的决定会奏效。

随堂练习

你的时间观念反映了你的态度、信念和有关时间的价值观。完成P引的"津巴多时间观念测评(ZTPI)",可以帮助你更好地了解自己以及在这个世界上的独特机会。

4.提升你的关键能力

对个人发展来说,哪些能力是我们必须掌握的呢? 微信公众号"理财巴士"给出了这样一条评判标准：凡是可以转嫁给别人、让别人为我们效劳的能力，都是可有可无的能力。而那些我们无法依靠别人，必须自己掌握的能力才是关键能力。同时，他总结了五条关键能力，包括快速学习的能力、语言表达能力、保持健康的能力、控制情绪的能力、管理财富的能力。

明确了自己该学习什么内容后，再开始行动也不晚。毕竟最后决定成败的往往不是你的努力程度，因为努力并不稀缺；而是你的选择，因为做出智慧选择的能力很稀缺。

课堂互动

前面我们说了，读书套利是"薅认知和时间的羊毛"。按你的成长规划，能薅来多少时间呢？这些富余出来的时间，你可以做什么呢？

行动工具

刻意练习

"刻意练习"这个概念是由佛罗里达州立大学（Florida State University）心理学家 K. Anders Ericsson 首次提出的。这套练习方法的核心假设是：专家级水平是逐渐地练出来的。而有效进步的关键在于找到一系列的小任务让受训者按顺序完成。这些小任务必须是受训者正好不会做，但是又正好可以学习掌握的。

1. 什么是刻意练习

刻意练习是一种有目的的练习，有定义明确的特定目标，有专注的练习状态，有练习与反馈帮助搞清楚自己的不足，还需要走出舒适区。

刻意练习是一种科学方法，值得我们把它运用到日常工作中去。不过，我们平时中做的绝大多数事情都无法进行刻意练习，这可能就是为什么大多数人都没能成为世界级高手。天才来自刻意练习。

2. 为什么要进行刻意练习呢

大脑就像肌肉，越练越强大。大脑有无限的适应能力，有目的的刻意练习会影响大脑，改变其适应能力，创建更加有效的心理表征。

心理表征是一种与我们大脑正在思考的某个物体、某个观点、某些信息，或者其他任何事物相对应的心理结构，或具体或抽象。创建和改善心理表征与某个领域技能的提升是一个良性循环，心理表征越好越完善，就能够造就更高的技能；而技能越高，心理表征也会越好。心理表征决定了我们对某一事物的反应速度和专业程度，我们学习的过程就是创建心理表征的过程。

比如书法练习，我们通过反复的读帖、临摹，从笔画、结构、字形、字体等方面对一个字进行深入的分析和控笔运笔的练习,同时关联与其笔画、偏旁、结构相关的其他字,找到书写的规律和章法,就形成了我们自己的心理表征,然后心理表征又反过来促进我们的书法水平。

3. 如何进行刻意练习

真正的刻意练习是反复专注地做一件事情,并不断进行自我检测,获得有效反馈,最后及时进行改进和调整。比如:工作前要制订目标,做出计划;工作中要自我观察,以类似旁观者的角度监测自己大脑所发生的事情,并观察事情的进展如何;工作后,要及时查看反馈,严格自我评价,找出不足,并进行改善和提高。

在清晰了解刻意练习的特点后,我们可以计划自己的刻意练习路径(图2-3),投入大量时间,周期性地进行刻意练习,更好地进行技能的习得。刻意练习的一个关键是跳出舒适区,持续不断地去尝试那些刚好超出当前能力范围的事物。

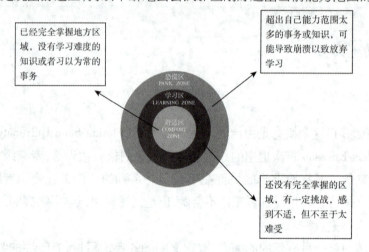

已经完全掌握地方区域,没有学习难度的知识或者习以为常的事务

超出自己能力范围太多的事务或知识,可能导致崩溃以致放弃学习

还没有完全掌握的区域,有一定挑战,感到不适,但不至于太难受

图2-3　刻意练习的三种路径

4. 刻意练习的关键

刻意练习最为关键的两点在于:(1)保持强烈的兴趣和动机。那种来自内心深处强烈的自我激励和自我成长的愉悦感和成就感是坚持源源不断的"燃料"。(2)持续的专注和坚持,强化前行的理由。并没有人是"天生就会",厉害的人也是因为大量科学的刻意练习才变得厉害。不要半途而废、轻易放弃,弱化停下脚步的理由。

思考并讨论:

刻意练习不是似而非地下意识完成任务,而是要精益求精,利用任务刻意练习。在日常生活学习中,我们可以如何利用"刻意练习"精深技能和能力? 举例说明。

通过讨论,你获得了哪些更进一步的学习"打开"方式?

附录

津巴多时间观念测评（ZTPI）

时间流逝,因人而异。你的时间观念反映了你的态度、信念和有关时间的价值观。

国际著名心理学大师、斯坦福大学心理系荣誉教授菲利浦·津巴多及其首席助教约翰博 YI 从 1977 年开始着手制订有关时间观念的量表,并在 1997 年出版了"津巴多时间观念表(ZTPI)"。这套衡量标准已经被美国、法国、西班牙、巴西、意大利、俄罗斯及其他国家采用,并得到广泛验证。

请阅读以下每项描述,并根据自己的真实感受回答问题:这是我的特征,或者这符合我的特征吗? 这些答案没有对错之分,真实的回答会帮助你更好地了解自己以及在这个世界上的独特机会。本测评一共有 56 题,完成时间大约为 12 分钟。

计分规则:极不符合 =1,符合 =2,中间状态 =3,符合 =4,极为符合 =5。

1. 我相信和朋友一起参加聚会是生活中重要的乐趣之一。

2. 和童年相似的情景、声音、味道经常使我回忆起一系列美好往事。

3. 命运决定了我人生中很多事。

4. 我经常想起生命中有些事我本该做得不一样。

5. 我的决定很大程度上受到周围的人和事的影响)

6. 我相信人的一天应该在每天早上就提前计划好。

7. 回想我的过去令我愉悦。

8. 我做事冲动。

9. 即使事情不能按时做完,我也不担心。

10. 当我想完成某件事时我会设定一些目标,并考虑如何通过具体的方法达成那些目标。

11. 总的来说,在我的过去,美好回忆比糟糕回忆多得多。

12. 听我最喜欢的音乐时,我经常忘了时间。

13. 赶完明天截止的任务,还有完成其他必要的工作,优先于看今晚的演出。

14. 该来的总是会来,所以我做什么其实不重要。

15. 我喜欢那些描述"美好旧时光"里一切都是怎么样的故事。

16. 过去痛苦的经历经常在我脑海里重现。

17. 我试着让我的生活尽量充实,过一天算一天。

18. 自己赴约迟到会让我觉得沮丧不安。

19. 理想地说,我想把每天当作生命中的最后一天来过。

20. 我很容易想起曾经快乐的时光,美好的回忆。

21. 我按时履行对朋友或上司的义务。

22. 过去我受到的侮辱和拒绝都是应得的。

23. 我一时冲动做出决定。

24. 我顺其自然地度日，而不是试着计划它。

25. 过去有太多不愉快的回忆了，我宁愿不回想。

26. 在我生活里找刺激是重要的。

27. 我在过去犯了错误，要是可以撤销就好了。

28. 我觉得享受正在做的事比按时完成工作更重要。

29. 我怀念我的童年。

30. 做决定之前，我会衡量得失。

31. 冒险让我的生活不会无聊。

32. 对我来说，享受人生旅程比只关注目的地更重要。

33. 事情的发生基本不按我预期。

34. 让我忘掉年轻时不愉快的画面很难。

35. 如果我不得不考虑目标、结果和产出，那会夺走我在工作和活动中的快乐。

36. 就算我享受现在，我也经常和过去相似的经历作比较。

37. 你不可能真的能规划未来，变化太多了。

38. 我的人生之路受到我无法影响的力量控制。

39. 担心未来是没意义的，既然我也什么都不能做。

40. 我按部就班地准时完成任务。

41. 我发现当家庭成员谈论过去是怎样时，我不会参与。

42. 我冒风险在生活中寻求刺激。

43. 我列下要做的事情的清单。

44. 我经常随心所欲，而非跟随理性。

45. 当我知道有工作没完成时，我能抵制诱惑。

46. 我发现自己常常被激情冲昏头脑。

47. 如今的生活太复杂了，我更喜欢过去简单点的生活。

48. 我更喜欢那些随性的朋友，而不是有计划的朋友。

49. 我喜欢那些经常重复的家庭礼仪和传统。

50. 我想起过去发生在我身上的那些坏事。

51. 如果这个任务能让我进步，即使它困难、无聊我也会坚持做。

52. 把今天挣的钱花在享乐上，要比存起来为了明天有保障更好。

53. 幸运带来的回报比努力带来的要好。

54. 我想起生命中我错过的美好事物。

55. 我喜欢我的亲密关系充满激情。

56.我总有时间赶上工作任务的。

津巴多时间观念测评评分标准（ZTPI）

注意:第9、24、25、41和56题为反向计分题。

1.消极的过去时间观

将第4、5、16、22、27、33、34、36、50和54题的分数相加,然后除以10。

2.享乐主义的现在时间观

将第1、8、12、17、19、23、26、28、31、32、42、44、46、48和55题的分数相加,然后除以15。

3.未来时间观

将第6、9(转换过的)、10、13、18、21、24(转换过的)、30、40、43、45、51和56(转换过的)题的分数相加,然后除以13。

4.积极的过去时间观

将第2、7、11、15、20、25(转换过的)、29、41(转换过的)和49题的分数相加,然后除以9。

5.宿命主义的现在时间观

将第3、14、35、37、38、39、47、52和53题的分数相加,然后除以9。

时间透视情况分析图,如图2－4所示。

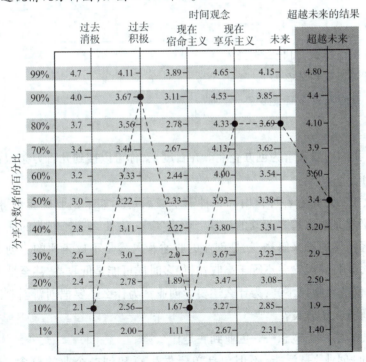

图2－4　时间透视情况分析图

任务3　用创业的思维和眼界去工作

【思政燃灯】

1. 保持终生学习，避免人生"留级"。
2. 追求真理，思路比方法更重要。

【行动工具包】

1. 突破边界的逻辑层次塔。
2. 3W黄金圈思维模型。

3.1　建立【是什么】的世界观/人生观

　　——掌握创业的全面定义，突破对双创的认知与理解，破除思想误区。

1. 创造性解读"创业"的定义

课堂互动

> 1. 创业是什么，用什么创业？
> 2. 创业能得到什么？
> 3. 创业的人是多还是少？

　　创业，我们一般理解为创办企业。在百度上，你可以搜到几百万条跟创业定义有关的词条。

　　"创业成功意味着各种自由和各种需求被满足。"如果创业真能获得这么多，那么创业必然是众人趋之若鹜的选择。但事实上，为什么选择创业的往往是少数人呢？用经济学原理来解释，就是创业的收益和风险是不成正比的。创业失败率高、风险大，并且高风险并不等于高收益，很多时候可能是低收益，甚至是零收益。

　　那么，创业风报比不高，为什么还要学创业？为什么还要把创新创业作为一门通识课在所有大学开设？

　　首先要理清一个概念——创业到底是什么？

　　这里的"创业"是泛指，不但包括单干做生意和创办企业的概念，它的外延很大。

课堂互动

请同学们用"业"组词,说说"创业"还有哪些含义。

_____、_____、_____、_____

　　所以,创业是要用创新、创造的思维和眼界去做事,具备再造职业、创建家业、创立事业、创造人生丰功伟业的信念、思维、行动、能力和素质,并由此产生各种成果。从一个创业者最直观的感知来说,就是自己为自己的收入负责,不需要、不依赖别人给你发工资。

 **智慧链接**

习近平谈"创新创业创造"

　　改革创新始终是鞭策我们在改革开放中与时俱进的精神力量。

　　——2013 年 3 月 17 日习近平在第十二届全国人民代表大会第一次会议上的讲话

　　创新是民族进步的灵魂,是一个国家兴旺发达的不竭源泉,也是中华民族最深沉的民族禀赋,正所谓"苟日新,日日新,又日新"。

　　生活从不眷顾因循守旧、满足现状者,从不等待不思进取、坐享其成者,而是将更多机遇留给善于和勇于创新的人们。

　　——2013 年 5 月 4 日习近平在同各界优秀青年代表座谈时的讲话

　　在激烈的国际竞争中,惟创新者进,惟创新者强,惟创新者胜。

　　——2013 年 10 月 21 日习近平在欧美同学会成立 100 周年庆祝大会上的讲话

　　老路走不通,新路在哪里?就在科技创新上,就在加快从要素驱动、投资规模驱动发展为主向以创新驱动发展为主的转变上。

　　——2014 年 6 月 9 日习近平在中国科学院第十七次院士大会、中国工程院第十二次院士大会上的讲话

　　当前,世界经济复苏艰难曲折,中国经济也面临着一定下行压力。解决这些问题,关键在于坚持创新驱动发展,开拓发展新境界。

　　——2015 年 12 月 16 日习近平在第二届世界互联网大会开幕式上的讲话

　　要全面调动人的积极性、主动性、创造性,为各行业各方面的劳动者、企业家、创新人才、各级干部创造发挥作用的舞台和环境。

　　——2016 年 1 月 18 日习近平在省部级主要领导干部学习贯彻十八届五中全会精神专题研讨班上的讲话

2.解读"创新"的定义

创新不是发明创造,也不是"玩点新花样""搞点小发明""设计一些新颖的创意""想出些别出心裁的好点子""天马行空地胡思乱想一番""标新立异赶时髦"等,这些都不是真正的创新。

经济学上,创新概念是美籍经济学家熊彼特在1912年出版的《经济发展理论》一书中提出。熊彼特的创新概念包含的范围很广,涉及技术性变化的创新及非技术性变化的组织创新。

熊彼特在其著作中提出:创新是指把一种新的生产要素和生产条件的"新结合"引入生产体系。它包括五种情况:

1. 引入一种新产品;
2. 引入一种新的生产方法;
3. 开辟一个新的市场;
4. 获得原材料或半成品的一种新的供应来源;
5. 新的组织形式。

彼得·德鲁克在《创新与企业家精神》一书中写道:创新是赋予资源一种新的能力,使它能够为客户创造出新的价值。

解读"为客户创造出新的价值"

第一,创新是对"客户"创造新的价值。利润是企业发展的"果","因"是创造客户愿意支付的价值。有创新价值才会创造出利润。只有找到新的生产要素、新的产品、新的技术、新的市场和新的组织形式,利润才会体现。"因果"不能颠倒。

第二,创新是为客户创造出"新"的价值。无论任何企业,创新力在于是否创造出新的客户价值,而不只是仅仅重复昨天。

第三,创新是为客户创造出新的"价值"。价值是什么?把未被满足的需求或潜在的需求,转化为机会并创造出新的客户满意。

3.2　建立【为什么】的价值观

——理解创业的思维和眼界对人生的价值。

——建立敢于向上选择,而不是向下兜底的拼搏精神。

1.理解创新创业对人生的价值

父母为什么倾尽所有让我们读大学？因为学历让我们未来的生活有了兜底。可是如果把眼光放长远，做长达30~40年的职业规划，你会发现很多岗位天花板很低，然后就陷入"我读的专业好像并没有那么有价值"的困惑。其实，如果我们对职业发展能有一个清晰的近期规划和远期规划，很多问题就会豁然开朗。

一方面，读大学是为近期3~5年的职业成长找到了一个有门槛的方向，大学学习让我们具备了一定的专业优势，同时给未来进入职业上升通道奠定了基础。

另一方面，经济在发展、社会在进步，我们不可能抱着这些必将过时的知识走长达30~40年的职业路、瞬息万变的社会。只有成为一个终身学习的践行者，在自己的岗位上持续输出创新创造的能力，才不会被时代抛弃，被财富抛弃。很多人所谓的中年危机，就是年轻的时候没有做到未雨绸缪，等到危机来了，就无解了。

智慧链接

生命就是永不停歇的学习
——巴菲特与芒格：终身学习的典范

北京时间2021年5月2日凌晨，一年一度的投资圈盛宴——"股神"沃伦·巴菲特（Warren Buffett）旗下伯克希尔·哈撒韦公司的第56届股东大会再次在线上拉开帷幕。

97岁的查理·芒格再次与91岁的巴菲特一起坐在主席台上，向全球投资人阐述对投资的一些思考和感悟，并对知名公司和热门行业做出了评论。

两个加起来即将跨过两个世纪的老人，仍然引领着金融投资的潮头。举世瞩目的成就让人们趋之若鹜。如此两位老人并不是偶然出现，巴菲特和芒格都是"知识海绵"，尽力吸收着大量的信息和智慧。巴菲特每天阅读500页书，而在他事业发展的早期，他每天的阅读量是1000页。

芒格有两条很棒的建议："成为一个终身学习者，培养自己的好奇心，争取每天都变得更聪明一点。""每天睡觉前，要比你早晨起床时候更聪明一点。"有时候坚持并不容易，但是坚定却很重要，他们是这样说的，同样也是这样做的。

亦师亦友的芒格与巴菲特可以说是互相学习、互相影响。巴菲特说起过芒格如何成功的故事，"芒格还是一名年轻律师的时候，每小时能挣20美元。但他思索道，谁是我最有价值的客户呢？想来想去，他觉得应该是他自己。于是，他决定给自己留出单独的一小时，每天早上研究相关的信息与学习。每个人都应该这样做，既要努力工作赚钱，也要卖给自己一个小时的时间。"

正如芒格所说："我总在想如何把一件事做得更好，即使它会在某一时间段减少我的收入。我也总会留出一些时间,用于自我的学习提升。"

两位耄耋老人,在年幼的时候开始学习;在人生的巅峰在学习;在日趋年迈的相伴人生中,学习从未停止。他们相互鼓励,互相成就彼此,虽然拥有了巨大的财富,还一如既往学习,作为后进者的我们,还有什么理由不去提升自己。

社会的节奏在不断的变快,知识的更新迭代速度前所未有,对每一位大学生来说,在能力圈里舒适地待着,而不去拓展,面对的可不仅仅是资产缩水的风险。去找到如巴菲特或芒格这样的伙伴吧,他会激励着你,影响着你,在成长道路上,时刻提醒你坚持,因为不懂的永远比你懂得多。

投资者芒格说:投资自己。在不够富裕的时候,用时间来投资自己,在收获了财富之后,也一定不要忘了,最大价值的投资项目一定是我们自己。

（资料来源:富有国际教育,搜狐,有删改）

北京大学国家发展研究院教授陈春花老师在她的访谈中谈到这样一个观点:人这一生有很多职业选择的机会,会在很多岗位上发挥作用,大学所学的知识根本无法让你胜任未来的工作,你需要不断学习,才能适应得了职场。

行动工具

突破边界的逻辑层次塔

NLP(Neuro - Linguistic Programming,神经语言程序)领域的大师罗伯特・迪尔茨把人的逻辑思维分为六个层次,如图 3 - 1 所示。上三层与下三层的关系就像物体和物体的影子。上三层决定下三层;改变物体,影子必然改变。

图 3 - 1　逻辑思维的六个层次

爱因斯坦说:"你无法在制造问题的同一思维层次上解决这个问题。"也就是说,要解决问题,需要思维上的升级。人与人之间的差距,往往是思维层次的差异。认知层次低的人,总是被自己眼里的现象蒙蔽双眼,看不到真实的世界。低层次的问题用高层次的思维好解决,但是高层次的问题用低层次的思维难以解决。

很多人的迷茫或者很多公司的迷茫,多是因为过于聚焦于下三层完成情况的好坏,却很少停下来对上三层做深度思考。但实际上,不管是人或公司都是由上三层引领的。所以,读大学,不应只是为你的就业负责,更是为你的一生负责。

课堂互动

威廉·德雷谢维奇在《优秀的绵羊》这本书里用大量篇幅证明了大学绝对不是职业的跳板,因为人活着,不可能只有工作,更重要的是我们要了解自我,创建属于自己的生活。

倘若大学时光用实用主义的标准来衡量什么该学,什么不该学,这将是一种极大的浪费。威廉·德雷谢维奇在书中说到:如果你在大学毕业之际,与你入学初期并无区别,你的信念、价值观、愿望以及人生目标依旧如故,那么你全盘皆输,必须重新开始。

大学的使命,其实是把青少年变为成人,这中间思维模式的转变极其重要,也就是我们观察世界的方法。这种观察不是视觉上的看,而是指在面对一种现象时,内心对它的感知、理解和诠释的方法。

接下来,试试用逻辑层次塔分析并解决你和你的好朋友在大学里遇到的困惑。

3.3 建立【怎么做】的方法论

——能够日拱一卒,在每一个岗位上找到自己的创业机会,形成创业精神。

1.工作的本身就是创业

知识拓展

创业精神

一、创业精神的定义

创业精神是指在创业者的主观世界中,那些具有开创性的思想、观念、个性、意志、作风和品质等。激情、积极性、适应性、领导力和雄心壮志是创业精神的五大要素。

二、创业的精神内涵

哲学层次的创业思想和创业观念,是人们对创业的理性认识。

心理学层次的创业个性和创业意志,是人们创业的心理基础。

行为学层次的创业作风和创业品质,是人们创业的行为模式。

三、创业精神的三个主题

第一个主题是对机会的追求。创业精神追求环境的趋势和变化,并且往往是尚未被人们注意的趋势和变化。

第二个主题是创新。创业精神包含了变革、革新、转换和引入新方法——即新产品、新服务或者是做生意的新方式。

第三个主题是增长。创业者追求增长，他们不满足于停留在小规模或现有的规模上，创业者希望他的企业能够尽可能地增长，员工能够拼命工作。因为他们在不断寻找新趋势和机会，不断地创新，不断地推出新产品和新的经营方式。

四、企业家身上的创业精神

1. 激情

没有人能比维珍集团(Virgin Group)创始人理查德·布兰森(Richard Branson)更理解"激情"一词的含义。布兰森的激情，从他对创建公司的强烈欲望中可窥一斑。始建于1970年的维珍集团，旗下拥有超过200家公司，业务范围涵盖音乐、出版、移动电话，甚至太空旅行。布兰森曾打过一个比方，"生意就好像公共汽车，总会有下一班车过来。"

2. 积极性

亚马逊创始人杰夫·贝索斯(Jeff Bezos)非常清楚积极思考的能量。他以"每个挑战都是一次机会"为座右铭。事实上，贝索斯把一家很小的互联网创业公司，发展成全球最大的书店。

亚马逊于1995年7月正式启动，两个月内就轻松实现每周2万美元的销售额。1990年代末，互联网公司纷纷倒闭，亚马逊股价也从100美元降至6美元。雪上加霜的是，一些评论家预测，美国最大的书店巴诺(Barnes & Nobles)启动在线业务，这将彻底击垮亚马逊。紧要关头贝索斯挺身而出，向外界表达了乐观和信心，针对批评言论，他还一一列举公司的积极因素，包括已经完成的和准备实施的。

贝索斯带领亚马逊不断壮大，出售从图书到衣服、玩具等各种商品。今天，亚马逊年度营收已超过百亿美元，这很大程度上要得益于贝索斯的积极思考。

3. 适应性

适应能力是企业家应具备的最重要的特质之一。每个成功的企业主，都乐于改进、提升或按照客户意愿定制服务，以持续满足客户所需。

谷歌创办人谢尔盖·布林(Sergey Brin)和拉里·佩奇(Larry Page)更进一步，他们不仅对变化及时反应，还引领发展方向。凭借众多新创意，谷歌不断引领互联网发展，将人们的所见所为提升到一个前所未有的新境界。拥有这种先锋精神，也无怪乎谷歌能跻身最强大的网络公司行列。

4. 领导力

好的领导人一定具有很强的个人魅力和感召力，有道德感，有在组织里树立诚信原则的意愿；他也可能是个热心人，具有团队协作精神。在已近迟暮之年的玫琳凯·艾施女士(Mary Kay Ash)身上我们可以发现所有这些元素。她创建了玫琳凯(Mary Kay Cosmetics)品牌，帮助超过50万名女性开创了自己的事业。

很早以前，身为单亲母亲的艾施为一个家用产品公司做销售。虽然25年间她的销售业绩一直名列前茅,但是由于性别歧视,艾施无法在晋升和加薪时获得和男同事一样的待遇。艾施终于受够了这种待遇,1963年她用5000美元创办了玫琳凯公司。

艾施以具有强大驱动力和富于灵感的领导风格闻名,她创办公司的态度是"你能做到!"她甚至会用卡迪拉克轿车奖给顶尖的销售者。由于其强大的领导力技巧,艾施被认为是近35年来最具影响力的25位商业领袖之一,而玫琳凯也被评为美国最适合工作的企业之一。

5.雄心壮志

20岁时,戴比·菲尔兹(Debbi Fields)几乎一无所有。作为一名年轻的家庭主妇,她毫无商业经验,但她拥有绝佳的巧克力甜饼配方,并梦想全世界的人都能分享到。

1977年,菲尔兹开设了自己第一家店(Mrs. Field's),尽管很多人认为她仅靠卖甜饼无法将业务维持下去。菲尔兹的果断决定和雄心壮志使得小小甜饼店变成了一家大公司,600多个销售点遍布美国和其他10个国家。

创业者如果能具备这五种性格特征,将在创业路途上勇往直前。

(资料来源:《创业精神》,百度百科,有删改)

有这样一类人,他们认为工作是帮老板赚更多的钱,所以他的目标是能"忽悠"客户、"忽悠"老板等人就行。

如果你能理解工作的价值在于获得和积累我们自身解决问题的能力,感恩企业为了我们提供了无风险、无成本的优化发展平台,你在工作中就会变得"求知若渴,更求甚解"。你就会比别人更用心,更深入,更专业!

真相就是:工作中,你让企业赢,企业就会让你赢。你让社会赢,社会就会让你赢。

智慧链接

故事一

有一天,一位世界富豪拿出了一张200万的支票给他即将退休的司机,他兢兢业业干了这么多年,富豪希望他能以此安度晚年。结果司机说不用了,一两千万自己还是能拿得出来。富豪很是诧异地问他,你每个月只有5000~6000元的收入,怎么能存下这么多钱?

司机回答说,我为您开车这么多年,您在后面打电话说哪个地方的地皮可以买的时候,我也会跟着买一点;您说哪支股票可以买的时候,我也会跟着买一点。到现在我已经有一两千万的资产了。

故事二

一名男子站在地铁口,用小提琴演奏着巴赫的几首曲子,并在身边放了一顶帽子,以示乞讨。在接下来 45 分钟的时间里,大约有 2000 个人经过,但只有 6 个人停下来听了一会儿,最终也只有 20 个人给了钱就匆匆离开了,他总共收到了 32 美元。

没有人知道,这位卖艺者是世界上最伟大的音乐家之一约夏·贝尔,他演奏的是一首世上最复杂的作品,用的是一把价值 350 万美元的小提琴。而就在两天前,约夏·贝尔在波士顿一家剧院演出,所有的门票全部售罄,想要聆听他演奏同样的乐曲,每人则要花 200 美元。

思考并讨论:

1. 结合"个人发展"与"平台"的关系,说说你有哪些心得感受。

2. 无论职场还是做人,离开了平台你什么都不是——这句话你认同吗?为什么?

你要有站在平台上的潜质,也要拥有脱离平台的能力。平台的价值不等于自己的本事,每个人真正需要看清并且坚持不懈追求的,应该是当你离开一家公司、离开一个平台之后,你所具备的格局、展现的状态、创造价值的能力。

所以,你要时常问问自己三个问题:

(1)假设你所处的岗位没了,你能干什么?

(2)假设你所在的公司没了,你能干什么?

(3)假设你所在的行业没了,你还能干什么?

如果一个都回答不上来,那么要当心了,因为离开平台,你可能什么都不是。

"创业精神"就是你的"职业精神"。吃苦、拼命、熬夜、求人、看客户脸色、被老板恶批,哪一样都不好受。但是,在岗位上,一切都是为了自己。为自己,你就愿意去吃更大的苦;为自己,你就愿意折腾自己的生命和尊严。打工和创业从来不是矛盾冲突的,而是相辅相成的。把打工当创业,发挥学习和拼劲;把创业当打工,每天都主动去搬砖式地干活。那么,无论是打工还是创业都会比同行业的人优秀。

随堂练习

在自己的岗位上创业,以下哪些事情能做,哪些事情不能做?

1. 做别人不愿做的事情。

2. 做别人不想做的事情。

3. 做别人懒得做的事情。

4. 做别人不屑做的事情。

5. 做别人没时间做的事情。

6. 做别人总抱怨的事情。

7. 做别人总纠结的事情。

8. 做别人发脾气的事情。

9. 做别人想不到的事情。

10. 做别人没有运气的事情。

大学生的最大风险是眼界的停滞。不是所有的工作岗位,都会有经验丰富的人带着前进。只要我们年轻,钱和时间都不是问题。就算错了赔了,那能赔多少?那只是试错的必经之路。

创造事业的过程是对自己通过努力积累的资源进行优化整合,从而创造出更大的经济或社会价值的过程。事业成功源于"积累",赚钱只是结果。

2.复制"成功的人生"

成功之路不尽相同,千万不要把某个人的成功经验直接拿过来用,里面的偶然性太多。一个人或几个人的成功只能说是经验。但是把经过很多人实际操作后证明可行的实践套路上升到放之四海皆准的体系,就成了可以复制学习的理论。

成功的道路就像建造高楼大厦必备的一砖一瓦,成功的创业者也有些共同的东西。我们要学习的就是这些必备的基本品质、思维工具。有句话是这么说的:想成为孔子不是读孔子的书,而是研究孔子是如何成为孔子的;想成为好销售不是学好销售卖什么,而是研究好销售如何成为好销售的;想成为演说家不是学习演说家说了什么,而是研究演说家是如何成为演说家的。

学习成功的人生,不是盲目跟风,而是正确解密成功要素!本书推荐大学生必备五大思维方式,分别是:管理的思维、资源的思维、杠杆的思维、创造的思维、财富的思维。

(1)管理的思维——用管理的思维成就专业。
(2)资源的思维——用资源的思维链接世界。
(3)杠杆的思维——用杠杆的思维加速成长。
(4)创造的思维——用创造的思维获得财富。
(5)财富的思维——用财富的思维赢得人生。

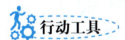

行动工具

3W 黄金圈思维模型

从前面的逻辑层次塔我们学习到:要解决问题,需要思维上的升级。用高层次的思维方式解决真实世界的问题。3W 黄金圈就是一个更具体的思维模型工具(图3-2),帮助我们从底层逻辑出发,从问题的本质入手,一步步解析"是什么(世界观/人生观)→为什么(价值观)→怎么做(方法论)"。

当你的思维处在最中心圈,你会运用批判性原理和第一性原理分析一件事情或者一个现象;处在中间圈,你会以"为什么"为出发点,知道自己要做什么,找到内在动机,实现自我激励;处在最外圈,你会思考如何做才更好。建立了这样的思维模型,你就能成为伟大的领导者,才能激励和影响身边的人。

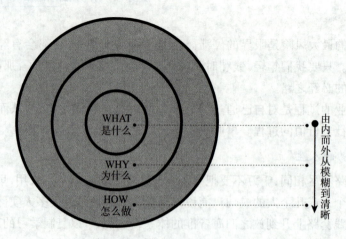

图 3－2　3W 黄金圈思维模型

随堂练习

　　现在,请你和小组成员一起,用"3W 黄金圈思维模型"探讨一下:直播的未来是什么？请记住,"是什么→为什么→怎么做"的解题思路比答案本身重要100 倍。因为它们是解决问题的底层逻辑。

　　通过讨论,你获得了哪些正确刷短视频和直播平台的姿势？

任务4　打拼北上广还是回家乡

【思政燃灯】

底层思维:批判性思维的运用。

【行动工具包】

1. 网状与节点思维模型。
2. 运用六顶思考帽复盘。

4.1　发布辩论赛规则，分配备赛任务

——分组备赛,营造活动氛围。

1. 毕业后你选择去哪里

改革开放以来,中国流动人口的数量呈不断增长的趋势。伴随着城市化的发展,经济型流动人口比重不断上升,并且主要集中流向发达的大中城市和发达省区。近些年,城乡差距越来越小,二三线城市蓬勃发展。年轻人不禁发问:毕业后,我要打拼北上广还是回家乡呢?

课堂互动

> 让我们集思广益,一起来分析"打拼北上广"和"回家乡"的理由和优劣势。

2. 做好辩论赛备赛

接下来,我们将就"毕业后打拼北上广还是回家乡"这一辩题开展一场辩论赛。备赛流程及规则可参考附录。辩手可以参考"行动工具包",运用"网状与节点思维模型"进行备赛。

行动工具

网状与节点思维模型

点状思维—线状思维—面状思维—网状思维这几个词很形象地勾画了思想境

界由一个层面到另一个层面上升并逐步走向宏观、走向高屋建瓴的过程。

点状思维，想的就是一个点，也就是拘于事务。线装思维较点状思维进了一步，是在两点之间寻找一种逻辑关系，然后串成一条线，这样，解决问题就容易了一些。很多个两个点之间，必然会组合成很多条线，于是就有了面状思维。所谓网状思维，考虑的并不一定是同一个平面上的线条的关系，而可能跨平面对各簇线条的关系进行追踪。事物的特性往往是多侧面的，其侧面之多，甚至到了难以穷尽的地步。如何才能对事物进行最精确的研究，并最终提纲挈领地解决问题呢？网状思维能帮到我们。网状思维，实质就是系统思维，如图 4-1 所示。

如何建立系统思维模型呢？一靠系统性学习，阅读经典而严肃的著作，并非浅尝辄止；二靠关联性思考。在整个网状系统中，有些点对系统影响比较大，我们称它为"主要节点"，有些点对系统影响比较小，我们称它为"次要节点"。

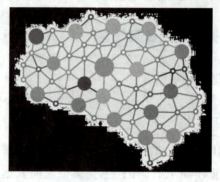

图 4-1　网状与节点思维模型

网状与节点的思维方式，是在分析问题时，能找到影响问题的"主要节点""次要节点"等多重信息，从而进行较立体全面的思考。

4.2　主题辩论

——辩论展示环节，激发学生对个人生涯规划的批判性思考。

1. 批判性思维的运用

批判性思维需要刻意练习，是后天形成的习惯。辩手、嘉宾、主席、观众都可以尝试将批判性思维运用于辩论赛中。

批判性思维

批判性思维（Critical Thinking）就是通过一定的标准评价思维，进而改善思维，是合理的、反思性的思维,既是思维技能,也是思维倾向。最初的起源可以追溯到苏格拉底。

批判性思维指的是技能和思想态度,没有学科边界,任何涉及智力或想象的论题都可从批判性思维的视角来审查。批判性思维既是一种思维技能,也是一种人格或气质;既能体现思维水平,也凸显现代人文精神。

运用批判性思维有四大要点。

(1)批判对事不对人,针对的是"事实、观点、推理、逻辑"。

(2)建立批判性思维要拒绝一切形式的偶像崇拜,包括名人、机构、书本、已故名人、思想体系、大众(大众是一个容易被忽略的权威,人的行为很容易被大众的思想和行为所影响而不自知,如随大流、羊群效应等,所以在思想上需要和大众保持适度的距离。)

(3)所有信息都具有两个特征:信息的不完美和信息的不完全。

(4)逻辑推理的前提假设和隐含的价值立场,是逻辑推理的前置条件。也就是说,如果推理的条件中已经蕴含了价值立场,那推理的结论就会有偏差,容易产生先入为主的偏见。

4.3　点评与自我总结环节

——通过点评与自我总结,总结过往升华自我。

1.辩论赛总结与复盘

辩论赛后,我们需要做一个总结与复盘,总结我们获得的新视角、新认知、新感悟、新体验。在此推荐一个讨论工具——六顶思考帽。

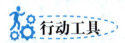

六顶思考帽

六顶思考帽是创新思维学之父爱德华·德·博诺(Edward de Bono)博士开发的一种思维训练模式,或者说是一个全面思考问题的模型。它提供了"平行思维"的工具,强调的是"能够成为什么",而非"本身是什么"。六顶思考帽只允许思考者在同一时间内做一件事情,如图4-2所示。思考者要学会将逻辑与情感、创造与信息等区分开来。戴上任意一顶帽子都代表着一种特定类型的思考方式。

六顶思考帽可用于企业的会议、决策、沟通、报告甚至影响个人生活。在团队应用中,讨论性质的会议往往意味着激烈的思维和观点的碰撞、对接,导致会议常常难以达成一致,往往不是因为某些外在的技巧不足,而是成员间对他人观点的不认同造成的。六顶思考帽就成为特别有效的沟通框架。作者建议所有人要在蓝帽的指引下按照框架的体系组织思考和发言,可以让任何一个人戴上帽子采用某种思维或者摘下帽子结束思考。发言者一次只戴一顶思考帽,只表达一个思考方向,针对解决一个问题。会议中应用六顶思考帽不仅可以有效避免冲突,压缩会议时间,也可以加强讨论的深度,将一个话题讨论得更加充分和透彻。

六顶思考帽分别是:蓝色、白色、红色、黄色、黑色和绿色,六种颜色代表六种不同的思维模式。任何人都有能力使用这六种基本思维模式。

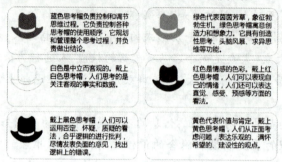

图4-2　六顶思考帽的思维模式

逃离北上广? 要走你走,反正我不走

大城市交通堵、房价高、空气质量差,为什么每天仍有那么多年轻人像疯了一样往那里跑?

美国评论家简·雅各布斯曾写过一本著作《美国大城市的死与生》,这本书被誉为城市学理论的奠基之作。在书中,她指出城市不是一栋栋冰冷的高楼大厦,而是一个个空空的容器,人们可以在里面彼此交流互动,也正是在这些面对面的真实交流和互动中,新的思想会不断被碰撞出来。所以,简·雅各布斯认为,人口密集会加速知识的产生。在此基础上,她创造了一个很新的名词,叫作"知识溢出"。

后来全球专利问题的专家亚当·贾菲针对简·雅各布斯提出的"知识溢出"理论进行了深入研究。由此,亚当·贾菲计算出一个公式:城市人口密度每增加50%,人均生产力就可以增加4%。

今天是互联网主导的世界,几乎所有知识都会以最快速度传递到全世界的每一个角落。那为什么人们还要频频聚在一起,面对面了解信息呢?这就是简·雅各布斯所谓的"知识溢出",人与人进行现场交流,语言的相互碰撞和知识的互相交融,会诞生新的创意和想法。这就是大城市的魅力。它就像一个才华绞肉机,在血肉模糊之中,大部分人会被淘汰,只有少数人会像钻石一样被提炼出来,而这正是青春的野生梦想。

（资料来源:《逃离北上广? 要走你走,反正我不走》,吴晓波频道）

附录

辩论赛流程及规则

一、活动目的

辩论是一项可以增强同学互动、丰富课余知识、提高思辨能力、提高思维认知、锻炼逻辑表达、培养创新精神和团队精神的活动。

二、比赛时间

比赛时间待定。

三、参赛人员

(1)辩手要求:正反方辩手各4名,要求辩手口齿清楚,思维灵敏,赛前做好充分预备。

(2)主席要求:外型仪表端正,口齿清楚,开朗大方。

(3)时间官要求:时间官2位,要求熟悉赛事流程,提示、提醒并点评整场赛事是否按照既定时间安排进行。

(4)嘉宾要求:嘉宾共6位,要求赛前对辩题进行充分准备,赛中在既定环节进行点评,对辩手的表现进行及时反馈,点评公正客观,简短到位,画龙点睛。

四、赛程安排

抽取辩题和对阵双方后开赛。

五、比赛流程

(1)主席开场白:介绍参赛队员及所持观点,然后宣布比赛开始。

(2)参赛双方进行辩论。

(3)主席及嘉宾点评赛况:在辩论结束后,主席及嘉宾发表对该场辩论的评语。分析两队的表现及优缺点,提出双方需要改进的地方。由于时间限制,评语应言简意赅。

(4)主席宣布比赛结束。

六、辩论流程

1. 第一阶段(陈词阶段)

(1)立论陈词:正方一辩陈词2分钟,反方一辩陈词2分钟。

(2)立证陈词:正方二辩陈词2分钟,反方二辩陈词2分钟。(进一步阐述本方观点)

2. 第二阶段(盘问阶段)

(1)正方三辩提问,反方任何选手(只限一名)选手回答。

(2)反方三辩提问,正方任何选手(只限一名)选手回答。

（3）提问用时累计1分钟，回答用时累计2分钟。

3.第三阶段（自由辩论阶段）

由正方首先发言，然后反方发言，正反方轮流发言。共用时5分钟。

4.第四阶段（总结陈词阶段）

反方四辩总结陈词，用时2分钟。正方四辩总结陈词，用时2分钟。

七、辩论赛辩论规则

1.时间提示

当辩手发言时间剩余30秒时，计时员给予提示，用时满时，计分员提示终止发言。否则作违规处理。

2.盘问规则

（1）每个队员回答应简洁，提问应明了（每次提问只限一个问题）。

（2）对方选手提出问题时，被问一方必须回答，不得回避，也不得反问。

3.自由辩论规则

（1）自由辩论发言必须在两队之间交替进行，首先由正方一名队员发言，发言队员坐下后，由反方一名队员发言，双方轮流，直到时间用完为止。

（2）各队耗时累计，当一方发言结束即发言队员坐下后，即开始计算另一方用时。

（3）在总时间内，各队队员的发言次序、次数和用时不限。

（4）如果一队的时间已经用完，另一队可以继续发言，直到时间用完为止。也可以放弃发言。放弃发言不影响打分。

4.比赛中，辩手不得打扰对方或本方辩手发言，辩论时不得人身攻击。

八、辩手评判标准依据

1.**审题（20分）**：对所持立场能否从逻辑、理论、事实等多层次、多角度理解，论据是否充足，推理关系是否明晰，对对方的难点是否有较好的处理方法。

2.**辩论技巧（40分）**：辩手是否语言流畅、立意明确、能否从多角度、多层次分析、理解、认识辩题，叙述是否有层次性、条理性，论证是否有说服力。

3.**内容资料（20分）**：论证是否充分合理、恰当有力，引述资料是否详实。

4.**表情风度（20分）**：辩手表情、手势是否恰当、自然、大方，不强词夺理，尊重对方，尊重评委和观众，富有幽默感。

辩手评分表					
	姓名	审题 （20分）	辩论技巧 （40分）	内容资料 （20分）	表情风度 （20分）	总分
正方一辩					
正方二辩					
正方三辩					

正方四辩					
反方一辩					
反方二辩					
反方三辩					
反方四辩					

九、其他评判标准依据

可根据赛事需要制订"主席评分表""时间官评分表""嘉宾评分表"等,并进行评判打分。

照镜子

💡 项目导读

　　自我成长,有个非常重要且行之有效的办法,就是"照镜子"。"观自我"可以看清、激发、提升、成就自己。古人云:"以铜为镜,可以正衣冠;以史为镜,可以知兴替;以人为镜,可以明得失。"镜子可以是一样物、一个人、一段史,也可以是社会规范、从业标准、优秀标杆。

　　成长,总是痛苦的。但是不成长,一定更痛苦。连痛苦都能成为朋友,我们还有什么不可实现的?

　　霍金1942年出生在英国剑桥,在21岁最自由的年龄患上肌肉萎缩症,一辈子被禁锢在轮椅上。43岁动的穿气管手术让他从此完全失去说话的能力,他全身只有三根手指能动,通过敲击一个按键,合成人工语音演讲、写作,一个一个字母地敲出《时间简史》。他被认为是最伟大的科学家。

　　普通人也许难以理解他物理学中的高度,但是从生涯来看,霍金拥有的仅仅是一个天才的大脑和三根手指,其他的每一个部分都比你我差太多,即使聚焦这样的资源,也能撑起来一个伟大的生命!

任务 5　探索你的创业版人生地图

【思政燃灯】

心中有信仰,脚下有力量。

【行动工具包】

1. ESBI 财富地图。
2. 贝克哈德变革方程式。

5.1　建立【是什么】的世界观/人生观

——掌握 ESBI 财富地图。

1. 列自己的人生清单

　　人的一生就是一个或荡气回肠或幽远婉转的项目。从婴儿时的好奇到少年时的壮志凌云,再到中年时的磨去棱角,再到老年时的乐享天伦……这种标准化的模式里,你想过个性化的人生路吗? 是另辟蹊径,是曲径通幽。

　　稻盛和夫说:"内心没有呼唤过的东西,不会自动来到自己身边。"吸引力法则说:"思想集中在某一领域的时候,跟这个领域相关的人、事、物就会被它吸引而来。"所谓磨刀不误砍柴工,现在让我们为自己列一份人生清单,立定更明确的生活目标,帮助我们对职业、对生涯做更好的思考和规划。

课堂互动

　　请从生涯规划的角度谈谈自己的财富选择,用 3~5 句话简短地描述一下自己的财富计划。

吸引力法则是真的吗

吸引力法则存在,但是大部分人都用错了。

吸引力法则的关键词是"相信",不是"想要",这个是核心问题。你"想要"什么就会得到什么。才怪!

比如你没有钱,你想要得到钱。这个时候你最强烈的感受其实是"没有"和"恐惧"。你输出的信号是"害怕自己没有钱",宇宙感知到的是"贫穷"。恐惧和匮乏的频率会吸引更多的恐惧和匮乏。

比如你没有钱,但是你相信自己"会有钱"。这个时候你最强烈的感受就是"会有",你输出的信号就是"自信"和"丰盛",宇宙感知到的是"富有"。自信和丰盛的频率会吸引更多的自信和丰盛。

爱也是一样。

心想事成,"心"很重要。所以要小心自己的起心动念。

外在的一切都是内在的映射。我们常常觉得,外在现实改变的时候,我们就会开心、平静和满足了。但事实是,我们需要先感到开心、平静和满足,然后外在现实才会跟着改变。

把你想要的东西,想象成是一颗种子,不管是你自己,还是宇宙,都需要时间和过程。相信它会自然而然地长大,你只需要浇水施肥。毕竟,不去行动,全世界想帮你也帮不上。

做一块磁铁,你内在的感受越美好,你就会吸引到更多的美好。

2.富爸爸的财富象限图

世界著名的财商教育专家罗伯特·清崎先生,在他的富爸爸系列丛书《财务自由之路》一书中,根据收入来源的不同把人们划分为四个象限,如图 5-1 所示。

图 5-1　富爸爸的财富象限图

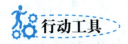

ESBI 财富地图

如图 5-1 所示,位于左边象限的是打工者、自由职业者和小生意人,他们靠时间、体力、知识和技能换取金钱,获得的是提水桶式的主动收入。位于右边象限的是企业家和投资家,他们靠企业系统、财务系统赚钱,获得的是管道式的被动收入。

课堂互动

请你想想,图 5-1 中四个象限的人群,他们收入方式的区别是什么?

1. E 象限:为谁工作? 创造财富会面临哪些限制?

2. S 象限:为谁工作? 哪些状况可能令他们不满?

3. B 象限:谁为他们工作? 最应该关注的问题是什么?

4. I 象限:谁为他们工作? 应该具备哪些能力?

5. 左边象限的群体获得的是什么性质的收入? 右边象限的群体获得的是什么性质的收入?

6. 绝大多数人积累个人财富是从哪个象限开始?

7. 我们是否可以同时横跨多个象限获得不同收入?

8. 结合最新的中国富豪排行榜单想想,你更希望获得什么样的收入? 为什么?

E 象限的特点是用时间换金钱,用自己的时间、体力、脑力和公司交换,这就是我们身边大多数人的情况。用自己的知识、能力创造有限的财富,收入较少,难以实现时间自由和财务自由。

S 象限的特点是为自己做事,如开饭店、美容院、诊所等。但是,正因为是他们自己创造了一份工作,所以所有的风险都是由自己来承担。他要投入更多的时间和精力来换金钱,虽然赚得多一些,但是投入也更大。并且,往往干就能赚钱,不干就没钱。所以,在这个象限里,时间和财务自由也较难实现。

B象限是企业家或系统拥有者。日常生活里,我们常常把B和S都称为"老板",但他们有所不同。因为B拥有一个系统,这个系统稳定有价值,能够杠杆别人的时间和金钱为B创造持续不断的收入,实现B的梦想,同时让B获得时间和财务自由。例如,麦当劳(B)就拥有一套成熟的特许经营系统。加盟麦当劳品牌,加盟商(S)就拥有了麦当劳成熟的商业体系。在这个体系下,加盟商(S)做同样的装修、卖同一个口味的汉堡包,运用这个系统就可把生意做起来。

I象限是投资家,通过投资赚钱,用金钱为自己创造财富。成为I往往有很高的门槛和风险。I也可以拥有时间和财务的自由。

心中有信仰　脚下有力量

意大利经济学家维尔弗雷多·帕累托于1906年提出了著名的关于意大利社会财富分配的研究结论:二八定律(帕累托法则,Pareto principle),即20%的人口掌握了80%的社会财富。

但是,世界上最贫穷的人并不是来自ESBI任何一个象限的人,而是没有梦想和动力的人。当你开始为自己、为家人、为团队树立前进的目标,当你开始思考和研究如何在ESBI象限中实现它,当你开始为自己制订清晰的行动方案和时间表时,你就充满了积极的能量、拥有了真正的力量。信仰是旗,凝聚奋进力量;信念是火炬,照亮人生征程。坚定追随你青春的梦想,它就是未来真实的投影。

5.2　建立【为什么】的价值观

——能够结合个人情况对未来的财富状态进行一次认真的思考。

1.选定你的财富目标

课堂互动

投票:打工还是创业,是你人生中的一个重大选择。请根据ESBI象限图为你的人生做一个终极状态选择。(　　)

A.E象限　　　　　　B.S象限　　　　　　C.B象限

D.I象限　　　　　　F.多象限跨越发展

对比任务1的投票结果,分析一下,在人生终极目标上,你的认知发生了哪些变化?

无论我们选择 ESBI 哪个象限定位人生,最终都是为了真正实现自己的人生价值。成功是相对的,成长却是我们一生都要做的功课。当我们努力地成长到一定阶段的时候,成功只不过是伴随而来的副产品。明确了这一点,你就会把关注点放在选择帮助你成长的团队,以及这项工作能给你带来多少成长的机会上,而不仅是能得到多少工资和收入。

2. 绘制你的财富地图

行动工具

贝克哈德变革方程式

D ＊ V ＊ FS > RC

对现状的不满 ＊ 对未来的愿景 ＊ 第一步实践 > 变革阻力

D(dissatisfaction,不满)代表对当前状况的不满;V(vision,愿景)代表对未来状态的期望;FS(firststep,第一步)代表迈向愿景的积极行动步骤;RC(resistance to change)代表当下对变革的抗拒。

贝克哈德变革方程式说明,个人思想、家庭、组织、国家等要发生真正转变,需要三个必要因素,即 D、V、FS。为了保证改变的持续性,D、V、FS 三者的乘积必须大于 RC(当前对变革的抗拒力量)。

更重要的是,因为"对现状的不满""对未来的愿景"及"第一步实践"三者之间是相乘的关系,也就是说,要克服变革阻力,三个因素一定要大于零。任何一个因素等于零或接近零,则真正的转变就不会发生。只有三个变量都非常强大,变化才最大。

无论是个人改变,还是组织变革,都富有挑战。用改变公式做诊断,可以更方便地定位问题出在哪里。例如,当一个人希望改变但又遇到困难,就可以查看是哪个因素数值过低。"对现状的不满"重点要分析自己真实的要求和改变现状的决心;"对未来的愿景"要明确自己找到了有核心价值且清晰、无法抗拒的愿景;"第一步实践"要诊断自己是否迈出了明确可行的第一步。

思考并分析:

假定 D、V、FS 的分值是 –10 ~ 10,算算你对自己的人生终极目标的达成意愿有多强烈。

随堂练习

绘制你的个人财富地图

刚才,你对自己的人生终极状态做出了一个选择。现在,请:

1. 逆向倒推,拟定你的初始职业,设计你可能经历的四大象限成长过程,使其最终能链接到你的人生终极状态。

_____

_____

2. 绘制你的个人财富地图。

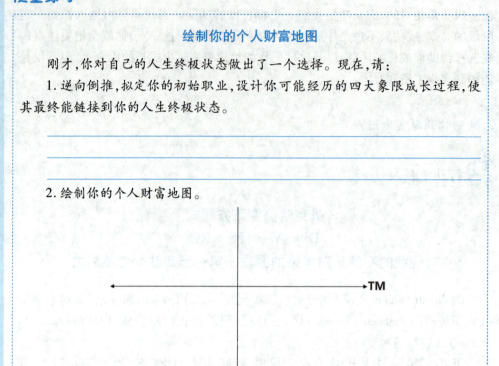

5.3 建立【怎么做】的方法论

——能够绘制个人财富成长地图,设计符合个人情况的财富成长路径。

1. 明确你努力的维度

无论你把自己的未来定位在 ESBI 的哪个象限,你都已经明确了自己努力的方向。就像我们在任务 1 里提到的,"在岗位上,一切都是为了自己。"那么,现在你准备好拿出创业者的精神和斗志,把"成功创业者"当作你燃烧青春的职业岗位、当作你毕生奋斗的伟大事业,并为此而努力了吗? 努力的维度又有哪些呢?

身体上的努力,不如思想上的努力

如果说辛苦,特别是体力上的辛苦就能赚到更多钱,那么清洁工无疑应该是更富有的。但现实并非如此,并且差距非常的远。

虽然这是职业分工的结果,但我们知道,只有创造更大的价值,才可以得到更多的收入回报。

身体上的努力往往容易被看见、被感知、被做到,但也容易被超越。而思想上的努力却常常被忽视。

思想的努力不仅有头脑(理性)的努力,要学思维、学逻辑、学智慧;还有心上(感性)的努力,要细致、要投入、要专注、要共情。

思想上的努力决定了方向。在错的方向上,越是努力错得就越远。

真正的努力是比拼在时间上的投入产出比,因为时间没有贫富之别,人人都是24小时一天,无法积累、无法储蓄。因此,努力的本质是大脑的积极运转、精力的专注高效、思维的深度觉知。千万不要用身体上的努力,掩盖思想上的懒惰。

(资料来源:改编自企鹅号——张生杂谈)

课堂互动

什么叫"竭尽全力"

有这样一个故事:一对父子在海边堆石头,父亲让儿子把一块石头搬走,儿子想了很多办法也无法完成,想放弃了,父亲问儿子:"你竭尽全力了吗?"儿子回答:"我竭尽全力了。"父亲说:"你没有,我就在你身边,你并没有向我求助,我本可以轻松帮你完成。"

思考并分享在努力这件事上,你可以怎样做得更好,试试从宽度、深度和频率3个维度分别展开。

1. 身体的努力:_____

_____

2. 用脑的努力:_____

_____

3. 用心的努力:_____

_____

4. 用嘴的努力:_____

_____

2. 确认你努力的效果

"每天进步一点点,努力成为更好的自己"是网络上一句很流行的口号。努力是手段,是可控的;进步是结果,并不完全掌握在自己手中。努力了却没有进步是会发生的。如何优化手段以尽可能促成想要的结果是我们需要思考的问题。《请停止无效努力》这本书为我们提供了一些可参考的思路。

《请停止无效努力》读书笔记

1.思维当然重要,但要形成一定的思维,前提必然是先要有一定的知识积累。就像去学理财,第一步永远是让你储蓄一样(毕竟要理财得先有财)。没有基础知识,学不会深度思考。

2.知识是学不完的,人的精力有限,把时间花在什么地方? 一开始都是迷茫的。很多人一辈子也难活明白,一生中总是充满着永不止息的迷茫。只有实践、认识;再实践、再认识。入门容易,精通难。要有所行动,然后你才能认识自己,才能找到自己想干、要干、擅长的事。

3.如果你想给持续性混吃等死,间歇性踌躇满志的生活带来一剂强心针。那么,就时刻提醒自己:努力是手段,进步是结果,希望有好的结果,先要拿出行之有效的手段。企图心要强烈,意志力要坚定,行动力要强悍。

4.有人说我只是进步得慢一点而已,谁能说我没在进步? 是的,在绝对值上,我们每天都在进步,但对人类社会而言,相对进步才更有意义。就好比你的存款,跑不赢通胀就是缩水,而人类社会的整体进步也是通胀,你跑不赢这个通胀一样不行。所以,别说是无效努力,哪怕是低效努力,都是一种退步。毕竟,任何领域都是按排名来分配资源的。

5.我们以为在学习中学到那些确切的特定知识最重要,但其实知识本身就只是知识,能否将知识转化为能力才是核心,我们最该学习的是如何学习。

6.每个人都希望自己变得更好,因为变得更好可以得到更多。有人说,我就不愿意变得更好。你在撒谎,你只是不愿意付出变得更好的成本。有人说,这太功利了。不,是你想得太功利了,让自己变得更好不一定是让自己变得更有钱,家庭温暖、关系和谐、自我成长同样是欲望。

7.别看很多人浑浑噩噩,这个世上没有人会排斥努力,排斥的只是伴随努力而来的成本。将努力可以带来的成果除以需要付出的成本,我们可以得出一个数字,把它跟每个人心目中的平衡数字相比较,只要高于这个平衡数我们就会行动起来,而高出的比例则决定了我们行动力的强弱。

(资料来源:豆瓣书评,咖啡与蛋糕,蔡垒磊)

课堂互动

想成为什么样的人,就去学什么。你越能掌控自己的投入,承担的风险就越小。思考并分享:在 ESBI 四象限,学习的重点分别是什么,你分别需要掌握哪些技能、培养哪些能力? 填写下列空白。

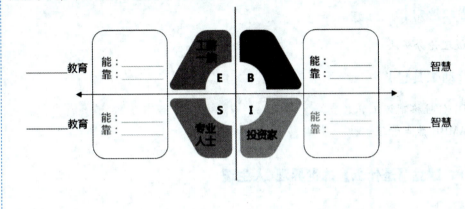

任务6　测评 DISC 利用性格创好业

【思政燃灯】

长板理论分析法。

【行动工具包】

1. DISC 性格测评工具。
2. AMBR 焦点管理。

6.1　建立【是什么】的世界观／人生观

　　——理解性格测评工具。

课堂互动

　　请课代表在教室四角分别贴上不同颜色的纸条。其中,白色代表"否定";黄色代表"倾向于否定";蓝色代表"倾向于肯定";绿色代表"非常肯定"。

　　请同学们凭第一直觉得出自己的答案,依次站到教室对应的角落。

　　1. 我总是在生活中有创新的想法。

　　2. 我觉得沟通是件成本非常高的事。

　　3. 喜欢就去做,下决心不需要太多理由。

　　4. 事情没有稳妥规划之前,我不会轻易行动。

　　思考并分享:我是谁? 为什么我们在同一个问题上会有不一样的答案?

1. 性格的定义

　　性格是一个人对现实的稳定的态度,以及与这种态度相应的、习惯化了的行为方式中表现出来的人格特征。它主要体现在对自己、对别人、对事物的态度和所采取的言行上。

　　人的性格特征各有不同,每个人都会沿着自己所属的性格类型发展出个人行为、技巧和态度,而每一种也都存在着自己的潜能和潜在的盲点。人们可以通过一个好的性格测评系统,运用科学的心理学理论、标准化的手段来了解自身性格特点,挖掘自己的潜能。

用好自己的性格

要做自己性格的主人，不要做自己性格的奴隶。一个人做了自己性格的主人，也就是尽可能地做了自己命运的主人。

一个人性格的所谓优点和缺点是紧密相连的，消除了其中一面，另一面也就不存在了。所以，在享受性格之利的同时，承受性格之弊，乃是题中应有之义，只须把这个"弊"限制在适当的范围内就可以了。如何限制？就是发扬性格本身的长处。抑制短处的真正力量也在此。

每一个人的长处和短处是同一枚钱币的两面，就看你把哪一面翻了出来。也就是说，就每一个人的潜质而言，本无所谓短长，短长是运用的结果，用得好就是长处，用得不好就成了短处。

一个人不应该致力于改变自己的性格，最好的办法是扬长避短，把长处发扬到极致，短处就不足为虑。事实上，在相同性格类型的人里面，既有成大事者，也有一事无成者，原因多半在此。

每个人的个性是一段早已写就的文字，事件则给它打上了重点符号。

（资料来源：周国平博客）

2. 常见的性格测评工具

当前被广泛运用的性格测评工具有 MBTI 职业性格测试、霍兰德职业兴趣测试、DISC 性格测试等。

MBTI 职业性格测试：国际最为流行的职业人格评估工具，作为一种对个性的判断和分析，是一个理论模型，从纷繁复杂的个性特征中，归纳提炼出 4 个关键要素——动力、信息收集、决策方式、生活方式，进行分析判断，从而把不同个性的人区别开来，如图 6-1 所示。

图 6-1 性格测试图

霍兰德职业兴趣测试：由美国职业指导专家霍兰德（John Holland）根据他本人大量的职业咨询经验及其职业类型理论编制的测评工具。他认为，个人职业兴趣特性与职业之间应有一种内在的对应关系。根据兴趣的不同，人格可分为研究型（I）、艺术型（A）、社会型（S）、企业型（E）、传统型（C）、现实型（R）六个维度，每个人的性格都是这六个维度的不同程度组合，如图6－2所示。霍兰德的职业兴趣理论主要从兴趣的角度出发来探索职业指导的问题。

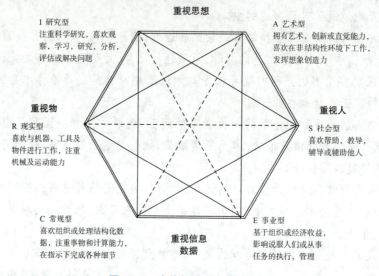

图6－2　人格划分的六种类型图

DISC 性格测试：DISC 行为模式理论是一种"人类行为语言"理论，其基础为美国心理学家威廉·莫尔顿·马斯顿博士（Dr. William Moulton Marston）在 20 世纪20 年代的研究成果。马斯顿博士是研究人类行为的著名学者，他的研究方向，有别于弗洛伊德和荣格所专注的人类异常行为，DISC 研究的是可辨认的正常的人类行为。DISC 性格测试主要从支配型（D）、影响型（I）、遵从型（C）和稳定型（S）四个主维度特质对个体进行描绘，揭示个体激励因素、沟通方式、决策风格、能力特长、抗压能力等特质，如图6－3所示。目前，全球有超过5000 万人以上接受测评，已发展成为全世界最广泛被采用的评量工具。

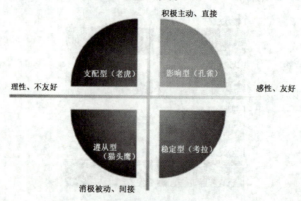

图6－3　DISC 性格测试的四个维度

6.2　建立【为什么】的价值观

——能够利用工具对自我进行一次内观,理解"我为什么是我"。

1. 我为什么是我?

　　认识自己,是一个逃不开的重要人生课题。关于"我"网上有个很有意思的哲学问题:"我是谁,我从哪里来,要到哪里去?"

　　"我"是什么样的人? 为什么"我"与别人不同? "我"是如何成为"我"的? "我"的天赋在哪里? "我"的个性是什么? 为什么有时"我"感觉自己不像自己? 这些问题将伴随我们的一生。无论你承认与否,人和人天生不同,后天继续造成这种不同。每个人都有各自不同的禀赋与性情。我们要学会用工具帮助我们了解自己。性格测试工具认识自己是一个很有意思的过程,不仅能够帮助认识自己的特性,还能多维度多角度看到立体的自己,从而理解"我为什么是我",并有助于我们更好地规划自己的生涯成长,从而让自己发展得更好,让工作生活变得更加愉悦轻松。

深度解读:"我"到底是什么?

　　一、我们在不同的圈子为了不同的目的而产生了不同的行为

　　在生活中,我们都是在不同的社交圈中同时存在的,如家庭圈子、朋友圈子,甚至是以爱好相关的圈子等。我们常常在不知情的情况下,成为一个看似拥有"多重人格"的人。

　　"我们通常都不会注意到自己的多重变化,因为我们一直习惯于以专业和其他目的的名义来违背我们的角色性格。这种现象甚至有一个名字叫'自由特质行为'。"剑桥大学的人格学家 Sanna Balsari – Palsule 说。

　　"自由特质行为"违背了我们的自然倾向,以推进我们关心的个人目标。例如,内向的人可能在家里自然安静,但如果他们从事的工作需要强烈的社交和自信行为,他们可能会扮演"伪外向者"。而这也是"自由特质行为"中最常见的一个状况。

　　二、我们自己用不同的方式来解释自己

　　"多重人格"的变化来自于我们自身内部。想象一下,我们的大脑是一个装有各种文件的大书柜。每次你都从柜子里准确地找到因某种情况而被需要的文件。这些文件就是定义我们行为的心理结构。心理学家称他们为"自我解释模式",如儿子、朋友、情人、下属等。它们都是必要的，即使它们最终呈现出了一个带有两个个性的人。

例如，在恋爱阶段，作为恋爱关系的双方均忘记了自己的爱好、朋友，甚至他们自己的家人。换句话说，他们已经抛弃了原本的第一模型（如儿子、朋友），而是使用了第二模型（原本存在，又或者专为恋爱而塑造的性格）。时间久了，如果这对情侣分手了，他们两人都感到了生活中的无限空虚。那是因为他们在恋爱的过程中已经抛弃了原本的第一模型，而使用了针对伴侣而创造的第二模型。只有等他们找回自我（第一模型），才能够重新并且更好地去面对新的生活。

三、展现真实的"我"

研究人格的心理学家面临的问题是：哪个社会中的"我"最接近一个人的真实性格？正如实践所表明的那样，随着年龄的增长，人们无意识地破坏了那些与人格基本属性最不同的"自我解释模式"。那么，最终所留下的，那将是真正的"我"。但是，即使我们的行为在许多情况下是平均的，我们仍然无法在家人、朋友或亲人的陪伴下揭示一些性格特征。

因此，你无需从你的"书柜"中查找正确的"文件"（个性），而是观察你最为常用的"文件"（个性）即可。你对这个主题的经验和推理只会培养你的个性和自我意识。根据自己的兴趣使用自己的多样性。

你有没有注意到这样的事情？你在不同的场合当中，会出现不同的行为吗？

（资料来源：百家号"集集屋"，有删减）

思考并分析：

1. 目前你的"大脑书柜"有几个文件，哪一个是最常用的文件？
2. 举例说明你在不同场合会出现不同行为的情况。

我们和这个世界上任何事物一样，变化才是永恒的主题。不过一些关于你的特性，就像某种趋势一样，在一段时间内是相对稳定的，且是可预见的。接下来，就让我们一起来解读自己，尝试找到这些问题的答案吧！

课堂活动

完成附录中的"DISC 性格特质测评问卷"。

注意：每题最多只能选出 2 个选项，一个是最像你的，一个是最不像你的。每一道题停留的时间不要太长，凭直觉选择对应的选项即可。共 28 题，计时 15 分钟。

稍后，我们将一起揭晓答案。你也可以主动将自己的测评结果与老师、同学分享。

6.3　建立【怎么做】的方法论

——理解长板理论,能够借助 DISC 测评工具,自信地找到个人优势和自己独特的价值。

——能够客观地分析个人劣势,再次优化个人成长路径。

1. 长板理论

木桶原理也称短板理论,说的是:"一个水桶无论有多高,它盛水的高度取决于其中最低的那块木板。"木桶原理经常被人们用来说明需要弥补团队的短板和缺点。

斜木桶理论是说木桶可以斜过来,从而装下更多的水,此时装的水由最长的那根木板决定(图6-4)。所以,又称长板理论。经常被用来说明在当今的社会中,一定要发挥优势,而不要努力弥补短处。百事可乐在中国的战略就是这样:他们把所有的制作、渠道、发货、物流全部外包,只保留市场部的寥寥几个人运营百事可乐的品牌。仅仅做好品牌这个长板就好。对于我们个人,我们一样可以找到个人的优势及自我的独特价值,分析客观的不足,再次优化自身的成长路径。

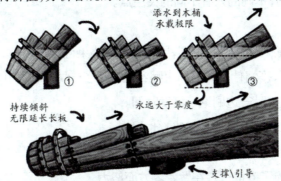

图6-4　木桶原理图

2. 每种性格都有独特的价值力

人们都说:"江山易改,本性难移。"那性格需要改进吗? 为什么?

课堂互动

我们不需要改变性格,但要学习利用性格,发挥自己。管理大师彼得·德鲁克曾经说过:大多数人穷尽一生去弥补劣势,却不知道从无能提升到平庸所要付出的精力,远远超过从一流提升到卓越所要付出的努力。唯有依靠优势,才能实现卓越。

接下来请大家准备一张白纸,分别写出自己的优势和劣势,并给他们分个类:能借外力解决的画"×",必须自己解决的画"○"。

行动工具

AMBR 焦点管理

关于行为的管理工具——AMBR 流程,也称为焦点管理(表6-1)。它既可以用在团队的社会背景管理中提升团队绩效水平,也可以应用在我们的工作生活中,帮助我们管理我们的注意力与行动,进而取得我们想要的结果。

表6-1 AMBR 焦点管理表

A	Attention,关注点	关注所向,力量所在
M	Mindset,心态	世界是我们的一面镜子,良好的心态是强大的内驱力
B	Behavior,行为	将有效行为变成习惯
R	Results,结果	得到你要的结果,并根据结果的反馈决定下一步是继续强化还是改进

例如面对疫情,不同的人有不同的关注点。

1. 悲观的 A

A:总有国外输入病例进入中国,导致其他人感染确诊。

M:哎,烦死了,疫情什么时候结束呢? 在家呆了一两个月了,闷得慌,真无聊。

B:一边牢骚抱怨,一边刷论坛打发时间。

R:心情沮丧,一天没做什么但感觉也很累。

2. 乐观的 B

A:社会各界为了疫情一直在做着各方面努力。

M:疫情无情,人间有爱。疫情一定会过去!

B:国家有难咱不添乱,力所能及做好自己的事情。

R:当我们更多以欣赏感激的心态与这个世界链接的时候,会发现世界一直是那么的美好。

现在,请打开你绘制的财富成长地图,从性格优势的角度,运用 AMBR 工具,说说你将如何管理和提升自己的成长效率。

DISC 会出现在什么职业

D:业务经理、企业家、将军、创业者、海外事业部、指挥、导演、警察。

I:演员、领队、讲师、表演艺术者、业务、主持人、广告创意。

S:公务员、作业员、餐饮服务、传产技术员、社工、行政秘书、非营利组织、客服人员。

C:教授、工程师、医师、律师、会计师、精算师、顾问、老师、科学家、殡葬业、宗教相关。

附录

DISC 性格特质测评问卷

问卷中共有28个问题,每道题都有4组描述性的词汇,你需要从中分别选出一个最接近(M表示最像你)和一个最不接近(L表示最不像你)你工作中的状态,但这两个答案不能是相同的。如果你发现难以决定选择哪一项的时候,只需要靠你的直觉来回答即可,你不用担心导致结果不准,问卷这样设计正是为了帮助你理清潜藏在心里的"真我"!

NO.1	M	L	NO.2	M	L
兴致勃勃:对事物感到兴奋	□	□	谨慎:小心	☆	☆
敢作敢为:勇于冒险	○	○	有决心:持之以恒	○	○
交往得体:彬彬有礼,尊重他人	☆	☆	有说服力:能使人赞同或相信	□	□
满足:心满意足	△	△	性情温和:善良,顺服	△	◆
NO.3	M	L	NO.4	M	L
友善:乐于与人共处	□	◆	多话:滔滔不绝	□	□
精密正确:按照要求处理事情	☆	☆	自制力强:善于掩饰自己的情感	☆	☆
坦率:说话毫不掩饰,无所顾忌	○	○	遵循惯例:惯于按常规方法行事	△	△
冷静:不易受外界干扰	◆	△	果断:速断速决	○	○

续表

NO.5	M	L	NO.6	M	L
具有冒险精神:勇于尝试新事物	○	○	温和:仁慈待人	△	△
具有洞察力:能看清事实	☆	☆	有说服力:能说服他人	□	◆
善交际:乐于与人交往	□	□	谦虚:不骄傲	◆	☆
适中:不偏激	△	△	善于创新:用新的方法处理事情	◆	○
NO.7	**M**	**L**	**NO.8**	**M**	**L**
善于表达:懂得表现情感	□	□	泰然自若:做事充满信心	□	□
认真:谨慎专注	☆	☆	敏锐的观察力:细心、善于观察	☆	◆
支配欲强:喜欢处于控制地位	○	○	朴实:从不自吹自擂	△	△
反应力强:对他人言行能快速反应	◆	△	性急:坐立不安,喜欢有所变化	○	○
NO.9	**M**	**L**	**NO.10**	**M**	**L**
圆滑:言辞谨慎	☆	☆	勇敢:有勇气,无畏	○	○
随和:愿意赞同别人的意见	△	△	善于鼓舞人:激励别人去做某事	□	□
有魅力:能吸引他人	□	□	乐于服从:顺从,温和	△	△
坚持观点:坚信自己的观点	○	○	胆怯:缺乏信心	◆	☆
NO.11	**M**	**L**	**NO.12**	**M**	**L**
拘谨:沉默寡言,自制	☆	☆	激发性:令人振奋	□	□
亲切:乐于助人	△	△	仁慈:愿意施与或分享	△	△
意志坚定:不轻易让步	○	○	有洞察力的:能够理解所发生的事情	☆	☆
活泼:快乐,积极	□	□	独立性:不依赖别人	○	○
NO.13	**M**	**L**	**NO.14**	**M**	**L**
好胜:渴望获胜	○	○	挑剔:要求事务	☆	☆
体谅:关心他人	△	△	顺从:愿意听从指示	△	△
欢乐愉快:充满活力,无忧无虑	□	□	鉴定:不改变主张,心意	○	○
隐秘的:不暴露想法	☆	☆	调皮:喜欢耍乐	□	□
NO.15	**M**	**L**	**NO.16**	**M**	**L**
有吸引力:令人喜爱	□	□	有逻辑性:仔细地考虑问题	☆	☆
自我省察:深思熟虑	☆	◆	大胆:敢于冒险	○	○
固执:拒绝妥协	○	○	忠心:忠于朋友	△	△
可预测的:始终如一	△	△	迷人:讨人喜欢,有吸引力	□	□

续表

NO.17	M	L	NO.18	M	L
平易近人:对人亲切	□	□	心甘情愿:乐于助人	△	△
有耐心:心平气和	△	△	热切渴望:有强烈的欲望要做某事	○	◆
自信:相信自己	○	○	彻底:做事有始有终	☆	☆
语气温和:说话轻声细语	☆	☆	情绪高昂:兴致高昂,精力充沛	□	□
NO.19	M	L	NO.20	M	L
积极进取:行动强而有力	○	○	充满信心:有自信	□	□
外向:爱交际,兴致勃勃	□	□	有同情心:为他人的忧而忧	△	△
和蔼可亲:随和、真诚	△	△	公正:平等的对待所有人	◆	☆
瞻前顾后:顾虑重重,犹豫不决	◆	☆	肯定的:确信且强有力	○	○
NO.21	M	L	NO.22	M	L
纪律严明:按照计划行事	☆	☆	感情用事:行动不经过太多思考	□	□
慷慨大方:愿意与他人分享,毫不自私	△	△	内向:为人隐秘孤僻	☆	☆
生气勃勃:活泼主动,溢于言表	□	□	坚强的:有魄力,有威信	○	○
执着:不轻易放弃	○	○	悠游自在:不轻易感到心烦意乱	△	△
NO.23	M	L	NO.24	M	L
善于交际:喜爱与众人交往	□	□	虏获人心:使人神魂颠倒	□	□
优雅:具有良好的举止风度	☆	☆	安于现状:容易满足	△	△
精力充沛:行动强而有力	○	○	苛求:利用强权达到目的	○	○
宽宏大量:慈悲为怀,宽宏谅解	△	△	循规蹈矩:按规则行事	☆	☆
NO.25	M	L	NO.26	M	L
爱辩论:喜欢争辩	○	○	快乐逍遥:充满欢乐,俏皮	□	□
有条理:做事思路清晰	△	△	精益求精:喜欢任何事物都准确无误	☆	☆
愿意合作:能与他人融洽合作	☆	☆	直截了当:大胆,坦率	○	○
心情开朗:无忧无虑,心情愉快	□	□	脾气温和:不轻易发怒	△	△
NO.27	M	L	NO.28	M	L
坐立不安:寻求改变	○	○	尊重他人:为他人着想	☆	☆
友善:友好,乐于助人	△	△	领导先锋:喜爱新事物	○	○
有感染力:有吸引力,讨人欢心	□	□	乐观:总是往好的一面看	□	□
小心谨慎:专注以避免犯错	☆	☆	乐于助人:喜爱帮助别人	△	△

（注:○代表老虎性格;□代表孔雀性格;△代表考拉性格;☆代表猫头鹰性格。哪种图案数值最大,代表哪种性格最明显。）

DISC 性格特质测评答题卡

班级：＿＿＿＿＿＿＿＿　　姓名：＿＿＿＿＿＿＿＿　　学号：＿＿＿＿＿＿＿＿

最接近(M)	－	最不接近(L)	=	
○	－	○	=	
□	－	□	=	
△	－	△	=	
☆	－	☆	=	
◆		◆		

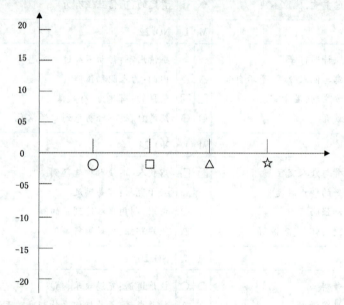

（注：○代表老虎性格；□代表孔雀性格；△代表考拉性格；☆代表猫头鹰性格。哪种图案数值最大，代表哪种性格最明显。）

谋路子

💡 项目导读

"忽如一夜春风来,千树万树梨花开。"在大众创业、万众创新的时代春风下,很多梦想家就都加入了这一阵营。青年大学生作为最具创业活力和潜力的群体,创新创业热情高涨。然而创业之路注定艰辛,单靠努力和热情不一定能迈向成功。方向决定道路,道路决定命运。面临世界百年未有之大变局的冲击,站在创业的风口上,如何谋求通往成功之路的方向和落脚点?具备蓝海战略视野至关重要。

任务7　制订蓝海战略

【思政燃灯】

建立战略思维,以弱制强、因地制宜的终极思考。

【行动工具包】

1. 蓝海加减乘除表。
2. 人生平衡轮。

7.1　建立【是什么】的世界观/人生观

——掌握蓝海、蓝海战略的定义,突破对传统竞争的认知与理解。

1. 掌握蓝海的定义

红海战略(Red Ocean Strategy)和蓝海战略(Blue Ocean Strategy)的概念是欧洲工商管理学院的 W·钱·金教授(W. Chan Kim)和莫博涅教授(Mauborgne)在其合著的《蓝海战略》一书中首次提出,书中把整个市场想象成海洋,这个海洋由红色海洋和蓝色海洋组成:"红海"代表现今存在的所有产业,是我们已知的市场空间;"蓝海"则代表当前尚不存在的产业,是未知的市场空间。红海战略和蓝海战略的区别,见表7-1。

表7-1　红海战略和蓝海战略的区别

红海战略	蓝海战略
在现有市场竞争	拓展非竞争性市场空间
参与竞争	避免竞争
争夺现有需求	创造和攫取新需求
遵循价值与成本互替定律	打破价值/成本互替定律
遵循差异化或低成本的战略选择,把企业行为整合为一个体系	同时追求差异化和低成本,把企业行为整合为一个体系

"红海"代表这样一种竞争状态:在红海市场中,众多企业在一个领域里进行着"零和博弈",一方的所得就是对方的所失。在这个领域里,产业的界限和竞争规则已被企业熟知,随着市场空间越来越拥挤,每个企业为实现最大的市场份额而紧盯对手展开诸如削价竞争等割喉式残酷竞争,就像战场上为了获胜而血流成河。"红海"正是取自于这种血腥的喻义。由于红海中所有企业走上大致相同道路,竞

争方式完全趋同,白热化的竞争增加了销售成本或是减少了利润,以致市场需求增长缓慢甚至逐渐萎缩,这又进一步加剧了产业内部竞争,使身处红海中的企业获利空间越来越小,深陷在恶性循环之中。

"蓝海"则指的是企业完全摆脱血腥拼杀的红海状态,开拓一片崭新的市场空间。在蓝海市场中,全新的市场意味着游戏规则还没有建立,硬碰硬的竞争并不存在,通过刺激需求和价值创新,市场可以扩大和被创造出来。在这里,企业能获取最理想的利润空间,既能实现成本领先又能实现差异化,它打破了传统的思维模式,完全颠覆传统的竞争手段,跳出了"要么走成本领先之路,要么只能实行差异化"带来的选择困境。如何不囿于目前的竞争格局,找到并建立起未知的新市场空间,就是"蓝海战略"的主要内容。

课堂互动

请查阅资料,列举 2 个红海竞争、2 个蓝海竞争的产品或品牌。

2. 正确认识红海和蓝海的关系

在产业的演变过程中,所谓的颠覆一直在发生,红海和蓝海并不是互相取代以及非此即彼的关系,而是会随着时间、空间的转换,可以并存、可以转化的。尽管有些蓝海是在现有红海领域之外创造出来的,但绝大多数蓝海是通过拓展已有产业边界而形成的。红海、蓝海永远是商业现实中共生共存的组成部分。

任何一家企业都不可能永葆卓越,正如任何一个行业都无法长盛不衰一样。蓝海虽然能为企业带来高额利润,使企业摆脱竞争,但也存在着竞争对手的模仿性风险。因为竞争对手也在时刻注意着市场环境,一旦发现了一片迷人的蓝海,他们就会马上进入,最初进入蓝海的企业短期内能形成一定的行业壁垒。但随着潜在进入者的不断模仿与学习,蓝海也难免会慢慢变成红海,蓝海战略也将过渡到红海战略。

对于任何一家想在激烈竞争中突出重围、实施蓝海战略的企业来说,只有因时而变、因势而新、超越竞争,不断开创和更新蓝海领域,才能获得企业的持续发展。

 智慧链接

《蓝海战略》通过大量案例和研究指出:在激烈竞争中,企业应积极拓展新的非竞争性的市场空间,即开创蓝海,其核心内容包括:

1. 开创蓝海的关键性分析工具与框架;
2. 制订蓝海战略的基本原则;
3. 执行蓝海战略的原则及策略;
4. 蓝海战略的可持续性及更新。

课堂互动

1. 红海市场和蓝海市场,你认为谁的投入成本更高?为什么?
2. 红海市场和蓝海市场,你认为谁的产品利润更高?为什么?

"神仙企业"胖东来的商界神话

2010年,大连大商总裁在一个商业论坛上说:"今天我不想谈大商,就想讲讲胖东来现象。这么多年来,我没有见过像胖东来这么好的生意,客户、汽车、电动车都在外面排起长长的队伍,烈日下,妇女们宁愿打着遮阳伞在商场门外等一二十分钟,都不愿去别的商家购物,这是很罕见的现象!"

2020年春节期间,面对武汉疫情的爆发,于东来向灾区捐款5000万元。他还让旗下所有的超市门店,在疫情期间按进价销售蔬菜!随后,于东来和他缔造的"神仙企业",猝不及防地走红网络,网友们纷纷呼吁胖东来能入驻自己生活的城市!

1. 变态级服务

说到服务,大家肯定会想到海底捞,那里的服务简直是变态级的。然而在胖东来,这都只是很平常的一件事。例如,一般超市的卫生间,能够保持干净整洁就很好了,但在胖东来除了这些,还会看到如图7-1所示的提示。

图7-1 胖东来购物的特别提示

在胖东来购物,有7种不同款型的购物车,每种车都有用法标注,客户可以各取所需。老年人还有专门的款式,不仅自带休息的板凳,还有放大镜,方便老人看商品,如图7-2所示。

图 7-2　胖东来的购物车

如果购物车上的放大镜老年人用得不方便,在经常逛的调料处也有放大镜,如图 7-3 所示。

在冷冻食品货架边放着贴心的手套,如图 7-4 所示。

图 7-3　胖东来调料处的放大镜

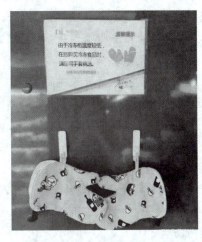

图 7-4　胖东来冷冻食品货架边放着的手套

胖东来的珠宝售后服务中心可以免费清洗维修首饰,哪怕不是在胖东来购买的。另外,胖东来还倡导理性消费,在珠宝柜台上方贴着一则温馨提示:理性消费更幸福,并且承诺"7 天内商品正常调价,给予退差价"。曾今有段时间金价暴跌,但只要在胖东来购买黄金饰品的客户就能享受这个政策。

胖东来的售后服务就有 18 项免费,如免费存车、免费打气、免费充电、免费锁边、免费干洗等,并且不管是不是在胖东来消费,这些服务都可以享受。任何不满意可以在服务中心意见本上留言,每一条留言都将在 24 小时内得到值班经理回复,并附有电话。

2.专业的态度

2008 年,胖东来为了将操作标准规范化和流程化,成立了实操标准小组,要求所有员工尽可能地丰富商品知识,能够详尽地向客户介绍产品,如硅胶锅铲的使用方法,甚至连消防栓都有详尽的使用说明。

零售企业本质就是服务。因为胖东来的服务太好太细致,世纪联华、家乐福、沃尔玛、丹尼斯都因为竞争不过而惨淡停业。

3.客户要什么,去对手店里买也要送到

胖东来创始人于东来曾经讲过:商品的品类要齐全,如果没有怎么办?我会去外边为客户采购,甚至去对手店里买,最远的一次是用飞机空运回来的。这肯定是赔钱的,但是我不想让客户失望,我们做商业的就是有这个责任去满足客户的愿望。

那怎么才能满足消费者的需要呢?胖东来用消费者购物需求点理论,在小类和单品之间设置分类,也把消费者对一个产品的需求分成若干个需求点,每一个点又代表消费者购物的一种需求,然后把这些需求点作为小类和单品之间的分类,也可以作为联系,这样就可以理清楚单品之间的关系。

那消费者购物需求点理论怎么运作呢?例如,客户想要买食用油,这是他的购物需求,就可以把这个点分成若干小需求点。食用油包括大豆油、葵花籽油、花生油等不同的种类,消费者买哪种油又各自代表着不同的小需求,像花生油易于人体消化吸收,大豆油预防心血管疾病等,把这些小需求点结合起来就是一个大的消费需求,之后商场还可以根据实际商品出售情况来调整商品采购需求。

4.给员工吃肉,你将迎来一群狼

任何极致服务的背后都离不开强大的团队支撑。于东来说过:"你给你员工吃草,你将迎来一群羊!你给你员工吃肉,你将迎来一群狼!"

河南许昌是一个四线城市,当地的基本工资大概在1500元左右,但是胖东来的基层员工却能拿到3000元左右。

于东来主张把财富分配给员工,从2000年开始就把股份分给员工,现在只保留了10%的股份,并且员工年底还有分红,哪怕是胖东来的一名保洁员,年收入也高达四五万元。

除了高薪,各项制度也是给予员工幸福感。例如,节假日关店休息、每年30天假期、不允许员工加班,有结婚贺金、生育贺金、各种节假日福利;寸土寸金的时代广场六楼是员工的娱乐天堂,电影院、健身房、KTV、茶水间、休息室应有尽有;甚至在处理员工的投诉事件中,选择让员工调离而不是辞退。因为各项激励到位,员工内在的幸福感激发了员工的自驱力,产出远高于人力成本投入。

5.多元化经营,覆盖客户所有的生活需求

与零售业巨头不同,许昌的胖东来是多元化经营形式,不仅有大型购物中心、超市,还有电器城、大众服饰百货商场、便利店、药店。在胖东来,普通老百姓的吃穿用和娱乐需求,一应可以得到满足,覆盖了高、中、低全部的细分市场。

对零售行业而言,服务的本质是人,无论是客户还是员工,当两者都做到极致时,想不成功都难。

(资料来源:蛋解创业,百家号,有删改)

思考并分享:

作为商超界的神话,在胖东来的案例里,我们看到了哪些差异化经营手段?它打造了哪些行业标杆?

7.2   建立【为什么】的价值观

——理解蓝海战略思维对企业发展的意义。
——理解蓝海战略思维对打造个人发展核心竞争力的意义。

1.蓝海的思维方式为什么重要

中国志愿军为何被称为中国近代战力最强的部队

1950 年 6 月,朝鲜战争爆发。在美国五星上将麦克阿瑟的眼中,美国当时的实力足以碾压成立还不到一年的新中国,他甚至提出一个口号:"在圣诞节前结束战争,让美国士兵回到国家团聚。"

然而,中国志愿军凭着对战术的灵活运用以及强大的意志力,虽然装备落后,却仍然击败了武器装备十分优越的美军军队,创造了以弱胜强的战争奇迹。这一战争结果让世界震惊。

来看一组数据对比。

1.从武器装备上来看,中国志愿军在刚进入朝鲜战场时,不仅没有飞机、军舰这样强大的武器装备,就连坦克也没有配备;而当时的美军国一个师有 7000 辆汽车,一个军就装备有 400 多辆坦克,此外还直接出动了 1700 多架战机参战,海军方面也出动了航母以及 200 多艘舰船。

2.在军队信息传递方面,中国志愿军一个军的电台数量都没有过百,而美军一个师配备的电台数量在 1500 台以上。

3.在食物补给方面,我军没有完善的后勤保障体系,每天的食物只够勉强维持生存。美军通过飞机将火腿、咖啡、面包等食品不断运往前线,这是我们无法想象的。

对比过后一目了然,难怪中国志愿军会被称作是近代中国战力最强的部队。

朝鲜战争后,全世界都在研究中国为何获胜。中国志愿军能够赢得抗美援朝战争的胜利,首先是因为中国志愿军具备过人的勇气和意志力。然而,面对着火力和后勤都远远强于中国志愿军的美国军队,仅仅靠战士们的勇敢和牺牲精神是不够的。抗美援朝战争的胜利还体现了中国志愿军将领们以蓝海视角分析战争,制订以弱制强、因地制宜战争策略和灵活多变先进战术的终极智慧。

无论在战场还是商场,抑或是物种进化、社会竞争,不是最强壮,也不是最聪明,而是最适合的才生存。蓝海就是以弱制强的人生智慧,是出奇制胜的商业策略,是因地制宜的通达格局,是生命意义的终极思考。哲学中拷问灵魂的人生三问:我是谁? 我从哪里来? 要到哪里去? 或许在这里就能找到答案。

好书推荐:《科学思考者》

2020年十大网络热词中有这样一个词:工具人。所谓工具人,即是个体主动付出,为他人提供便利,一直像工具一个被他人使用或使唤的人。

为什么部分人会成为工具人? 究其原因,不过是不善于思考。

其实,大多数人都不怎么思考,每天过着按部就班的生活。学生按部就班地听从家长和老师的命令去学习,而打工人听从老板上司的命令去工作,并且人们将这样的生活状态看作是常态,从未想要改变。的确,现代社会精细化的分工使得大多数人不会经常面对需要思考的事情。

但一旦面临陌生的局面和不熟悉的事物,需要你去做决定呢? 没有一定的思考能力,将会寸步难行。科学作家万维钢著书《科学思考者》告诉我们:科学地思考、理智地谋划,是对自己人生负责,也是我们掌控自我命运的底气。此外,科学的思考还能跳出舒适区,拒绝被割韭菜! 让我们一起读书吧,告别依靠某一技能谋生的工具人,做一个对自己命运有掌控力的自由人。

2. 蓝海战略对企业命运的意义

(1)实施蓝海战略是企业适应市场环境发展变化的需要。

近年来,随着经济全球化发展及国内市场的开放,尤其是随着国家和地区间贸易壁垒的拆除,市场环境发生了重大变化。新兴经济体的崛起改变了国际市场的格局,互联网让企业的产品和服务信息前所未有的透明,市场需求已由数量转向质量、品种和服务,"我也是"型产品或服务在市场上越来越无法立足,而知识经济又放大了"赢者通吃"效应,企业间的竞争空前激烈。具有稳定客户需求、成熟供应链的传统市场已经被蜂拥而至的竞争者染成红海。面对如此激烈的竞争形势,企业要想脱颖而出更加困难,许多企业甚至面临不转型就将被淘汰的危险。

企业传统战略思维多是依靠低成本、差异化经营来提高效率,在有限的市场空间里,为追赶或打败竞争对手而开展价格战、客户争夺战。这种竞争使市场变成红海,参与者都疲于奔命、苦不堪言。很多企业迫切需要改变原有的经营思路和经营领域,借道蓝海,找到价值创新途径,以价值创新的方式开拓尚无人进入的新领域,实现高技术含量、高附加值的集约型内涵增长,谋划和打造企业的竞争优势,否则将会处于更加不利的市场地位,或市场份额逐步被侵占,或越来越被边缘化。也许红海业务能为企业当前现金流做出贡献,然而,蓝海业务才是未来获利性增长的来源。可以说,在今天的市场现实中,开创蓝海、寻求价值创新,已经越来越成为一种生存必需。如果不能及时做到这一点,那就不是一家企业愿不愿意成为超级巨星的问题,而是它将是否会成为陨星的生死存亡问题。

（2）实施蓝海战略是企业赢得客户、创造需求的制胜法宝。

随着社会经济快速发展,人民生活水平大幅提高,生存需要的满足和自由购买力的增加改变了消费者的需求模式,传统产业已经面临饱和。这些产业不一定衰退,但增长速度一定会放缓。市场从生产者主权转入到消费者主权,企业要想获得高额利润,就必须分析市场环境,从客户的角度出发,开发新的产业,创造新的需求,为消费者创造价值,进而实现企业长期发展的目标,实现买卖双方共同价值的提升。

区别于"红海战略"从竞争对手出发,"蓝海战略"是超越产业竞争,从客户需求出发、从买方价值出发,进行战略规划,开创全新市场。其战略思考从供给转向需求,从竞争转向价值创新,在最终产品层面上,其竞争优势的取得主要来源于客户实际感知的产品或服务。因此,企业在实施"蓝海战略"的过程中,必须以客户为关注焦点,探寻客户尚未满足的需求。

实施"蓝海战略"的目的便是让企业准确清晰地确定客户显性需求和隐性需求,并为之有的放矢地进行价值创新,从而开创一片迷人的蓝海。企业要想获得更长久的蓝海优势,就必须持续以客户价值为核心,从客户角度出发,预测消费者的潜在需求,对先进科技成果进行技术创新,转化为以客户需求为中心的价值创新,持续不断地向客户提供独特的、竞争对手难以模仿的价值,变"追随营销"为"创造营销",摆脱激烈的竞争,实现企业的持续发展。

中华人民共和国成立以来社会主要矛盾的历史变化

八大（1956 年）:人民对于建立先进的工业国的要求同落后的农业国的现实之间的矛盾,人民对于经济文化迅速发展的需要同当前经济文化不能满足人民需要的状况之间的矛盾。

八届十中全会（1962 年）:无产阶级同资产阶级的矛盾,要"以阶级斗争为纲,阶级斗争必须年年讲,月月讲,天天讲"。

十一届六中全会（1981 年）:在社会主义改造基本完成以后,是人民日益增长的物质文化需要同落后的社会生产之间的矛盾。

十九大(2017年)：人民日益增长的美好生活需要和不平衡不充分的发展之间的矛盾。

国家战略开启产业蓝海

聚焦新一代信息技术、生物技术、新能源、新材料、高端装备、新能源汽车、绿色环保以及航空航天、海洋装备等战略性新兴产业，加快关键核心技术创新应用，增强要素保障能力，培育壮大产业发展新动能。推动生物技术和信息技术融合创新，加快发展生物医药、生物育种、生物材料、生物能源等产业，做大做强生物经济。

——2021年3月18日《中华人民共和国国民经济和社会发展第十四个五年规划和2035年远景目标纲要》

人民日益增长的美好生活需要对加强食品安全工作提出了新的更高要求；推进国家治理体系和治理能力现代化，推动高质量发展，实施健康中国战略和乡村振兴战略，为解决食品安全问题提供了前所未有的历史机遇。

——2019年5月9日《中共中央国务院关于深化改革加强食品安全工作的意见》

积极促进健康与养老、旅游、互联网、健身休闲、食品融合，催生健康新产业、新业态、新模式。发展基于互联网的健康服务，鼓励发展健康体检、咨询等健康服务，促进个性化健康管理服务发展，培育一批有特色的健康管理服务产业，探索推进可穿戴设备、智能健康电子产品和健康医疗移动应用服务等发展。规范发展母婴照料服务。培育健康文化产业和体育医疗康复产业。制定健康医疗旅游行业标准、规范，打造具有国际竞争力的健康医疗旅游目的地。大力发展中医药健康旅游。打造一批知名品牌和良性循环的健康服务产业集群，扶持一大批中小微企业配套发展。

——2016年10月25日　中共中央、国务院发布《"健康中国2030"规划纲要》

(3)实施蓝海战略是企业实现可持续发展的必经之路。

在全球化的市场竞争格局中，企业核心竞争力的打造日渐成为关乎企业可持续发展的关键。企业持续的发展需要有长期的竞争优势，长期的竞争优势源于不断变革发展的核心竞争力，而核心竞争力的变革发展是企业不断创新的结果。从"中国制造"走向"中国创造"，创新已经成为国内企业发展的主旋律。

企业创新是全方位的创新，其核心是技术创新、模式创新和价值创新。技术创新是新发明、新创造的研究和形成过程，它提高的是产品的技术竞争力。企业创新离不开技术的支持，更离不开孕育创新的环境。随着商业环境的不断变化和发展，企业的经营方式也随之发生了根本性的改变。现今已不再是靠单一产品或技术就能打天下的时代,也不是靠着一两个小点子或者一次投机就能决出胜负的年代。著名的管理大师彼得·德鲁克说过,未来企业的竞争不再是产品和服务的竞争,而是商业模式的竞争。要想使企业有生存空间并能持续地发展,必须依靠系统的安排、整体的力量,即商业模式的设计。不断创新的商业模式万变不离其宗,不管哪种商业模式,都是从客户价值最大化出发,使企业具有独特的核心力,并通过提供产品和服务使组织持续达到赢利目标的整体解决方案,这也正好与蓝海战略的价值创新相一致。

蓝海战略的实质是价值创新。价值创新以市场为导向,以提高企业核心竞争力和经济效益为目标。它强调经济价值,强调科技发明的商业应用,并以此发展新的市场空间。因此,蓝海战略在商业实践中有助于企业改变陈旧的竞争理念、管理方式和企业文化;有助于打破行业界限,开辟新的投资思路;有助于避免盲目跟风和同质化竞争,提升核心技术、产业标准、品牌形象、服务等产品高附加值,能为企业选择持续发展的道路提供有益的参考和启迪,对大多数企业的战略思考和战略选择具有重大的现实意义。企业在未来的市场发展中,要保持健康快速发展,就必须放弃有限市场内的竞争角逐,改变战略思维,独辟蹊径,发现新的业务增长点,培育新的市场。制订实现持续盈利性增长的蓝海战略便成为企业可持续发展的必经之路。

3.蓝海战略对个人命运的启示

随着产业结构的调整,社会对各层次人才的需求也在不断变化。我国高等教育已进入大众化、普及化阶段,每年越来越多的大学毕业生进入社会,这也使得就业压力日益增加,就业形势十分严峻。传统的人才培养多采用红海战略,是以培养同一领域低价格的劳动力来抢占人才市场份额,造成的结果就是人才培养的同质化现象严重,学生所掌握的都是基本技能,没有突出的强项,没有竞争优势,无法适应市场千变万化的需求。

“双创”背景下,大学生应该与时俱进,不断认知和分析大环境变化带来的机遇,制订合理的人生规划,适应社会需求。科学合理的人生规划是一个人成功的基石,对个人生涯的影响意义重大。科学合理的人生规划能够帮助同学们明确人生目标,克服迷茫情绪,避免出现认为学到一门技术就可以轻松实现就业的片面思想;有助于引导同学们在认知自我的基础上寻找一份适合自己兴趣、符合自己个性发展、能发挥自己能力的职业。科学合理的人生规划能够帮助同学们用科学的眼光审视企业需求、专业前景、自我期待值、前进方向与步骤,而不是盲目的就业、择业,影响个人发展。科学合理的人生规划有利于提升职业能力和职业素养;有利于同学们今后既在高等教育“红海”市场——学历教育中站稳脚跟,又能在高等教育“蓝海”市场——职业技能中大放异彩。

课堂互动

创业公司/个人规划需要蓝海战略

周鸿祎曾说过:"大公司作为行业巨头,形成了对客户和资源的垄断。如果创业公司仍按照已有的市场领先者的游戏规则来玩,将永无出头之日。

在这种情况下,小公司没有别的选择,必须要创新。所谓创新,未必要发明一个新的产品配秘方、一个新算法、一个专利。

创新是要真正地想一想,怎么样做得与众不同,怎样和大公司反向操作。"

思考并分享:

企业越大越输不起,这是百年事实,换到个人也一样吗?请把周鸿祎的这段话的主角替换成"老员工"和"职场新人",看看观点是否依然成立?

_____作为行业_____,形成了对客户和资源的垄断。如果_____仍按照已有的市场领先者的游戏规则来玩,将永无出头之日。

在这种情况下,_____没有别的选择,必须要创新。所谓创新,未必要发明一个新的产品配秘方、一个新算法、一个专利。

创新是要真正地想一想,怎么样做得与众不同,怎样和_____反向操作。

7.3　建立【怎么做】的方法论

——面对个人/企业的终极目标,运用蓝海思维,开创全新市场。

1. 价值创新是蓝海战略的基石

W·钱·金教授在接受专访时曾指出:蓝海战略的核心是价值创新,即同时追求差异化和低成本。传统的竞争战略在市场结构给定的前提下,要求企业做出战略选择,或是以更高的成本提供更高的价值,即差异化;或是以较低的成本提供尚好的价值,即成本领先。有效的战略定位要求企业在价值和成本之间加以取舍。蓝海战略是对传统战略逻辑的突破,打破价值和成本之间的取舍定律,为企业如何在动态竞争环境中营造竞争优势提供了新的思路:

(1)打破传统战略逻辑,并非着眼于竞争;

(2)以满足客户需求为出发点;

(3)力图使客户和企业的价值都出现飞跃,开辟一个全新的、非竞争性的市场空间。

企业跨越了现有竞争边界,对不同市场的关键元素重新排序、组合、删减、增创,就能实现价值创新。价值创新是一种战略逻辑和方法,要求调动的是系统层面的企业活动。价值创新中的"价值"和"创新"同样重视。它不同于技术创新和市场领先,只有当企业把创新和效用、价格、成本整合一体时,才有价值创新。

2. 用好蓝海加减乘除表

《孙子兵法》说:"兵无常势,水无常形。能因敌变化而取胜者,谓之神。""蓝海加减乘除表"是一个四步动作框架图,以"剔除—减少—增加—创造"坐标格重构客户价值元素,塑造新的价值曲线,摆脱竞争对手,开创一片无人竞争的新领域。

🏃 行动工具

以价值创新为核心的蓝海加减乘除表

四步动作框架图(图7－5)中,做减法是减少投资,把成本降低到竞争对手之下;做加法是通过增加投入来提升买方价值;剔除和创造两个动作则使企业跨越了以现有竞争元素为基础追求价值最大化的限制,改变竞争元素本身,使现有的竞争规则变得无关紧要。

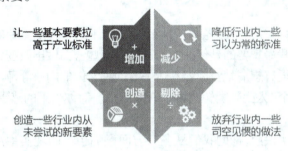

图7－5　四步动作框架图

在制订和执行蓝海战略的过程中,企业还必须遵循六项原则,否则会立刻进入到另一个红海竞争中。这六项原则是重建市场边界、重视全局而非局部、超越现有需求、遵循合理的战略顺序、克服关键组织障碍、将战略执行变成战略的一部分,见表7－2。

表7－2　六项原则及和原则降低的风险因素

战略制订原则	各原则降低的风险因素
重建市场边界	↓找寻的风险
重视全局而非局部	↓规划的风险
超越现有需求	↓规模的风险
遵循合理的战略顺序	↓商业模式的风险
克服关键组织障碍	↓组织的风险
将战略执行变成战略的一部分	↓管理的风险

3. 蓝海思维下的人生平衡轮

蓝海是一种思维方式，可以适用于政府部门、企业，也适用于个人。例如，当面临升学择校、选择专业、择业就业、职场抉择时，每个人都希望最大化体现自己的价值，但我们拥有的时间、精力、金钱、知识都是有限的。如果要在红海中实现自己的梦想，竞争激烈、难度很大，并且有时候也无法让自己的价值得到充分展示。如果我们能将注意点从竞争对手转向对自己更有意义、更具价值体现的领域，增加和创造当前所没有的价值元素，剔除和减少一些不太重要的价值元素，减少低价值消耗，充分挖掘和发挥长处进行价值创新，就能获得打造自己职业价值和形象的全新机会，从而开创属于个人的价值蓝海。

行动工具

人生平衡轮

日常生活中，我们经常会思考我为什么活着？什么对我是重要的？我想成为一个什么样的人？我最想要的是什么？我需要在哪些方面做出改变？

这些问题你有没有想清楚？你容易迷失方向吗？你的内心浮萍一般飘忽不定吗？请给自己画一个"人生平衡轮"如图7-6所示。对你当下的感受做一次评估，具体步骤如下：

1. 平衡轮是现实快照，帮助我们从多个方面评估自己的现实生活。你的人生中，最重要的因素有哪些？寻找自己的6~8个方面。

2. 画个圆，将它分成8等份，把上面的8个方面分别填到每一个等份中。

3. 结合现状，给你的每一个方面打分。1~10分，1分最差，10分最满意。

4. 观察你的平衡论，从中你看到了什么？觉察到了什么？平时忽略了什么？注意，不要想象，直接从平衡轮圈中观察，看看各因素之间的关系，厘清现状。

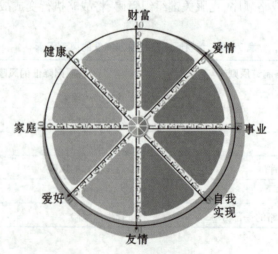

图7-6　人生平衡轮

具体的问题有：

你有多满意？你要改变什么？它们的优先级顺序是怎样的？有哪些部分是需要立即注意的？采取什么行动会改变这个部分？如果你改变后，你的生活会有什么不同？

哪些部分太少？改变这些部分会怎样改变你？几个你不太满意的部分中哪个是可以做很少努力却能得到很大不同的？有哪些行动可以实施？

5. 找到了你重视和希望有所改变的方向，现在就可以制订蓝海计划，并采取行动了。

绝对的平衡轮并不是一种可以完全达到或实现的状态，因为我们的生活总是处于不断变化之中，平衡也只存在于动态之中。但平衡却是一种可以掌握的技能，就如同溜冰、骑单车掌握平衡一样。生活也是如此，只要我们掌握了生活平衡技能，那么在这个复杂的世界里，至少会过得更加的清晰、通透。

亮点子

💡 项目导读

　　亲爱的同学们，创业从来不是一件简单的事情。每一位创业者和想要创业的人都必须思考：我们为什么创业？怎样才能发现好的项目？怎样才能在激烈竞争中立于不败之地？

　　我们都知道，站在山顶看风景一定比半山腰看得更远，看得更美。所以，创业不能仅仅是为了赚钱，如果能拥有更高的境界格局、更远的理想追求、更多的社会责任感，我们从创业中获得的会多得多。

任务 8　破解企业生命密码

【思政燃灯】

1. 坚持微观真实与宏观真实有机统一。
2. 坚持解放思想和实事求是相统一。

【行动工具包】

1. 价值思维下的 GROW 模型。
2. 5Why 析法。
3. 头脑风暴讨论法。

8.1　建立【是什么】的世界观/人生观

——奔着"钱"去大概率赚不到钱。
——企业家用梦想、态度、能力、价值力吸引财富。

1. 金钱是对梦想、态度、能力和价值力的回馈

有位互联网大咖曾经说:"无论我多么不想要钱,每天都还是被钱追着跑,你能体会吗? 所以,你知道我多么痛苦吗?"对大部分年轻人来说,他们的体会与此完全截然相反,"钱难赚"才是现实。笑过之后,我们要不要想一想为什么这位大咖会这么说,是因为他太有钱吗? 而我们自己为什么会觉得钱这么难挣? 区别到底在哪? 大咖说挣钱非常容易是真的,很多人说挣钱非常难也是真的,就像一个站在8000 米峰顶的人和一个站在山脚下的人,他们看到的风景自然是不一样的。事实上,钱根本不是赚来的,而是吸引来的。很多人说现在做成一件事很难,其实不是事儿做不成,而是人做不到。很多人说自己的命不太好,其实不是命不好,而是心不够强大。如果从根本上就错了,我们所追求的一切都会是背道而驰。

知道吗,钱也是有个性的,就像人一样,钱愿意追随的往往是思想强大和能量强大的人。如果仅仅将创业定义为赚大钱的手段,只是盼望有一天通过创业发大财,这样的人一定不会成功,因为这样的思想对钱来说没有什么吸引力。凡是极度渴望钱,张口闭口就是钱的人,你会发现,他们越是追逐,越是渴望,往往越难以得到。

金钱思想是一个人的智商、情商、财商、逆商的具体体现。冯仑曾说:"现在你看到的很多成功者,李嘉诚、雷军之类的,刚开始肯定不如其他人有钱。他们怎么超过去了呢? 钱有钱的道理,它会闻味儿,你得让钱主动来找你,你就没有这个困

惑了。为什么钱跑到这些人手里呢？是钱以外的能力、价值观、态度吸引了一批理解他们的人，一群优秀的人在一起，最后钱就进入他的口袋里。"所有的"富一代"，他们并不是一开始就有钱，之所以多年后可以超越同龄人，就在于他们的生命状态是"钱喜欢的味儿"。"富一代"之所以能无中生有，创造巨大的财富，跟他们是否有背景、关系、资金等因素没有关系。《道德经》第二十三章说："从事于道者同于道。"外在金钱的获得是一个人思想高度和能量强度的显化，你在现实世界体验什么、获得什么，就能创造什么。一个人的生命状态越高，就越能无中生有。

所以，我们不是先有钱再有梦想、态度、能力和价值力，而是拥有了梦想、态度、能力和价值力就能获得金钱的回报，创业者一定不要搞错了顺序。如果你有真东西，有好东西，你能够确实给社会创造价值，那么钱自然也会追着你跑。

8.2　建立【为什么】的价值观

——理解企业家和商人的区别。

——理解新时代的创业者要为自己的事业设定一个更高的行业使命，能够主动承担更大的社会责任。

1. 商人和企业家的定义

商人是指以一定的自身或社会的有形资源或无形资源为工具获取利润并负有一定社会责任的人，或者是指以自己名义实施商业行为并以此为事业的人士。

"企业家"这一概念由法国经济学家理查德·坎蒂隆（Richard Cantillon）在1800 年首次提出，其原意是指"冒险事业的经营者或组织者"。在现代企业中，企业家大体分为两类：一类是企业所有者企业家，作为所有者他们仍从事企业的经营管理工作；另一类是受雇于所有者的职业企业家。

1942 年，创新主义经济学之父美籍奥地利经济学家熊比特在《资本主义、社会主义与民主主义》中，使"企业家"这一独特的生产力要素成为最重要要素。熊比特指出，所谓创新就是企业家对新产品、新市场、新的生产方式、新组织的开拓以及新的原材料来源的控制调配，企业家对生产要素的重新组合才是经济增长的基本动力，才是经济增长的内在因素，企业家被称为"创新的灵魂"。

英国雷丁大学经济学教授马克·卡森（Mark Casson）则提出了"企业家判断（Entrepreneurial Judgement）说"，对企业家和企业家职能进行了界定。卡森认为，企业家的功能是企业家判断（Entrepreneurial Judgement），企业家就是专为稀缺资源协调做出判断的人。在企业家功能上，除肯定熊彼特的"创新功能"外，他还提出套利功能和创造市场的功能。企业家通过中介和内部化两种方式降低交易成本，改进交易制度，促使市场的形成。

2. 商人和企业家的区别

虽然说商人和企业家目标一致，都是为了使利润最大化，创造更多的价值，但其间也存在很大差异。

商人偏向于商业流通服务领域多,起中间商的桥梁作用;而企业家偏向于生产制造企业领域,生产出市场需要的商品,通过许多中间环节或直销卖给消费者,换取相应得利润。

商人的灵活性大,赚钱、有利润的就做,不赚钱的就不做,会随着行情、时间的变换而变换,更会根据市场需求不断调整产品结构、价位、促销策略、广告等,目的性更直接些。企业家则追求更执着,投入的厂房、设备资金比较大,行业比较稳定,产品寿命周期比较长,不管遇到什么大风大浪,行情有高有低,也要顶住。虽说企业也在通过产品创新、技术改造降低成本、节耗降能,并调整产品线,加大销售力度,拓宽市场面,增强市场份额,企业内部也要通过管理挖掘潜能,理顺激励机制等,但大的方面上,企业发展战略不会轻易变。

商人更倾向于近期利益,短视,在意一城一池、一朝一夕的得失,考虑目前多于将来,且更易“打一枪换一个地方”,什么赚钱做什么,一切以赚钱为导向,考虑交易量的多、产品品牌的少,广告促销一切以销售量为中心。企业家则更倾向于长期利益,对企业品牌、产品品牌比较看重,注重维护企业声誉、产品品质。企业家管理企业时,不只是在生意层面上运筹帷幄,更需要给企业持久地注入精神。也就是说,企业家要有能力建立企业的核心价值观,并以此为基础形成独特的、具有生命力的企业文化。

在一般意义上的商人看来,做鞋还是做裤子并不重要,只要能赚钱就行,把鞋做好是为了赚更多的钱。利润是目标,其他都是手段。而企业家则以做成某一件事情为目标,利润不过是结果。正如彼得·德鲁克所说:“创造价值是真实的,利润不过是结果。”“做最好的船,顺便赚点钱”就是企业家的思维方式。

商人的性格要求灵活性强、善变,为了达到目标不断调整产品策略、销售策略。企业家的性格更耿直、坦诚,善于坚持,为实现企业目标百折不挠、坚持不懈,不轻言放弃。

最后,在成功路径上,商人的成功靠的是本人和亲友,而企业家的成功靠的是一套人才机制。所以,企业家思考的是怎样用公平的机制对待人才、培养人才,是人才成长和脱颖而出的摇篮。企业家是整合资源的高手,首先,作为一名“专业主义者”,其自身就是资源,同时,他还能整合社会资源、人才资源,把事做成。

综上所述,企业家和商人的区别多在价值观层面。那些坚信某种价值观的人,往往能够走得更远,因为他们相信未来,所以才能创造未来。

3. 新时代的创业者要有更高的行业使命

智慧链接

世界上充满了新产品的伟大创意,也充满了伟大的产品。但世界上缺乏企业家。

创办企业的首要目的不是要制造出卓越的产品,而是要使自己成为卓越的企业家。

出色的产品很多,但伟大的企业家很少。

不要绞尽脑汁去生产最好的产品,而是要集中精力去创办一家企业,以便你能学会成为一位卓越的企业家。

（资料来源：［美］罗伯特·T·清崎、莎伦·L·莱希特的《富爸爸投资指南》）

这是一个最好的时代,这也是一个伟大的时代。一大波企业家赶上了互联网浪潮,在中国与世界经济全面交融的时期开始创业,有外国模式可以借鉴,有风险投资提供助力。更为重要的是,有科技革命在中国带来的巨大红利,这无疑是幸运的。

每一个时代的企业家都有自己的时代注脚,有自己的时代使命。但不论何时,优秀企业家的精神永远是相通的。新时代的创业者一样要有极强的学习力,有契约精神,在阳光下创世纪,敢于承担风险,为自己的事业设定一个更高的行业使命,有担当和责任意识,能够主动承担更大的社会责任。

智慧链接

2019年2月16日,第八期"龙江企业家对话交流活动"在哈尔滨举办。正和岛创始人刘东华在大会上做了题为"新时代如何提振企业家精神"的主旨演讲。

刘东华认为,新时代企业家精神应该具备三点:(1)敢立志,做社会财富的受托人;(2)善创新,热爱是最大的创新源泉;(3)能担当,以纯粹之心创造价值,勇于并善于为社会承担责任。

1.敢立志

总书记几次引用王阳明先生的原话,叫"志不立,天下无可成之事"。因此,我认为新时代企业家精神的第一条就是敢立志,敢立大志,敢立真志,敢立长志。

首先,新时代,需求升级,人们对美好生活的追求越来越高了。原来那些粗制滥造的东西,大家不满足了,于是就满世界去"淘"。消费者"海淘"这个行为就是对中国企业的一种不满。

所以我们要立大志,首先要做的就是给客户提供最好的产品、服务,让我们的消费者不要到全世界去找了,最好的东西中国企业就能满足你,中国企业家就能满足你。

立大志不见得一定要做全球五百强,我觉得全球五百强不应该是我们立大志的主要目标,我们主要是立长志,全球五百强不如生存五百年。举个例子,我们常说"小日本",但是大家知道吗,这个小日本今天的百年企业有将近3万家,两百年的企业有几千家,还有若干家千年企业。我泱泱大国五千年,没有断流,全球唯一,我们新时代的企业家敢不敢立500年的志?

立大志的根基,实际上是搞清为什么的问题。中国的企业家群体都应该重新思考自己到底为什么做企业。过去我们很多人做的企业,更多是满足自己发财致富、成功成名的一个工具。试想一下,企业是你的工具,团队也是你的工具,你凭什么让一批了不起的团队愿意跟着你干,到你的平台上来给你当工具呢?所以立大志,首先要有一个了不起的"为什么"。

我们正和岛黑龙江岛邻机构主席,中央红集团的栾芳董事长,我给她一个标签叫作"白发少女"。白发是岁月,少女是那颗初心,带着这颗初心,长出了不起的价值。她提供的黑土地上的有机生态产品,我听说光在黑龙江就供不应求。

待会儿要上场的隋总(黑龙江北大仓集团总经理、正和岛黑龙江省岛邻机构执行主席隋熙凤),成为我们岛邻也若干年了。北大荒大家知道的多,你要说北大仓,知道的还不够多。其实她的产品非常棒,和茅台一样,北大仓也是酱香酒,并且她的企业已经有105年历史。

还有刚成为我们黑龙江岛邻机构秘书长的李希华(李氏汤圆创始人),这个小女子用的是一颗"无我利他"之心做产品、做企业,能量之大超出想象。

其实如果是为了小我,做来做去会把企业做没了。所以,以她们几个为代表的黑龙江优秀企业家,都找到了自己了不起的"为什么",都在商业实践中有一个重要发现,原来"利他"就是最大的"利己"。

所以,立大志的核心,首先是想明白我们做这个企业是为什么?为社会解决什么问题?有多么强大的为什么,就有多么了不起的怎么办的动力。我曾经说企业家的领导力,其实简单讲就两句话:善于在为什么中找到怎么办的强大动力,并带领团队对最好的结果负责。

说得具体一点,立大志,就是要我们做社会财富的受托人。通过爱并成就我们的团队、消费者、利益相关者,让团队、让消费者、让合作伙伴、让股东越来越能够信任我们,乃至于依靠我们,并且愿意把重要需求托付给我们。

为什么要立志做社会财富的受托人?举个例子,大家都知道母爱是天下最伟大的爱,最有能量的爱。一个孩子能让一个妈妈产生感天动地的洪荒之力。同样的道理,如果我们能够真正爱我们的团队,并通过我们的团队爱我们的消费者,通过我们的产品与服务把那个小爱延伸为大爱,这个能量和动力有多大?

中国有句老话:"德不配位,必有灾殃。"三年可以成就一个富翁,三代成就不了一个贵族。大家今天回头看,改革开放以来,早期的那些暴发户今天还能找到几个?为什么突然起来,突然又没了?因为他们的财富增长,远远超过了他们能力和境界的提升,他拥有的财富就一定会把他葬送掉,甚至把家族子孙一起葬送掉。

所以说新时代的企业家精神,第一条应该是敢立志。

2.善创新

立大志是解决为什么的问题,善创新就是解决怎么办的问题。

我们中国为什么百年企业少?虽然与根基、环境、体制、土壤有很大的关系,但是如果反求诸己,作为企业和企业家,我们自己最该做好而没有做好的是什么?

今天最需要的是工匠精神、专业主义和创新驱动，因为我喜欢、我热爱、我愿意，所以就能定下心来，谁也挡不住，而不是为了发点小财，满足一点私欲。

热爱是最大的创新源泉。企业家热爱消费者，就会爱之以其道，通过最好的业务逻辑、商业模式和产品形态，为消费者提供最大的价值，让消费者的生活越来越美好。

现在创新的空间太大了。我们的经济总量在若干年前就是全球老二了，但是人均 GDP 呢？大家想一想在全球排多少？我们跟日本、美国、以色列、欧洲比，有多大的距离，这都是我们成长的空间。

3. 能担当

改革开放早期，小平同志说让一部分人先富起来，那个时候大家都没想到中国人能富得那么快，并且先富带后富做得那么好。后来我提出一句话，让一部分人先高贵起来，先富起来的这帮人要有一批人先高贵起来。

什么叫高贵？高贵不是买一个豪车，住一个大房子炫耀，高贵是以纯粹之心创造价值，并勇于和善于为社会承担责任。

随着移动互联网的发展，原来很多侥幸心理和很多做法越来越行不通了，现在只能走正路、做好事，然后用这种方式创造越来越好的产品和服务，满足消费者的需求，如此你不就是时代英雄吗？所以，新时代的企业家要找到内有尊严外有尊敬的成功路径。

昨晚正和岛的活动现场一位岛邻说，"我自己最喜欢、最放心的产品才敢拿给我的消费者。"这就是在消费者看不见的地方，用一颗利他之心创造价值。

李氏汤圆的李希华，原来已经移民加拿大，现在又回来了。现在很多人不是都往外走吗？她却回来了，全心全意爱并成就自己的消费者，我觉得她就是消费者的受托人。

老朋友都知道，我从当年创建经济日报民营经济专版，到后来做中国企业家杂志的总编辑、社长，再到后来创建中国企业家俱乐部，亚布力企业家论坛我也是最早的发起人之一，一直在干为企业家服务这件事，通过爱并成就企业家，让商业世界更美好，让整个世界更美好。

过去、现在以及未来，我们一直致力于发掘中国值得信赖的企业家。何谓值得信赖？判断的标尺只有一个：坚持价值观驱动，坚持价值创造。

这些有正念、有本事、有趣的企业家，在正和岛上有一个共同的名字——岛邻。自此而后，和对的人在一起！

（资料来源：节选自刘东华口述"正和岛创始人兼首席架构师"，编辑：潘姗姗）

8.3　建立【怎么做】的方法论

——能够找到一个真正的市场需求，并制订解决方案，设计产品。

1.创业机会的定义

学者卡森(Mark Casson)认为,创业机会是指在新的生产方式、新的产出或新的生产方式与产出之间的关系形成过程中,引进新的产品、服务、原材料和组织方式,得到比生产成本更高价值的情形。

奥地利学派经济学代表人物伊斯雷尔·柯兹纳(Israel M. Kirzner)认为,机会的最初状态是"未精确定义的市场需求或未得到利用/未得到充分利用的资源和能力"。随着市场需求被精确定义,创业机会形成了一个商业概念,其核心观点是如何满足市场需求或如何利用资源。

一个好的创业机会应该包含表8-1所列的要素。

表8-1　创业的要素与含义

要素	含义
要实现的目标	创业者或创业团队的愿望
某个市场的真实需求	具有购买能力或购买欲望的消费者未被满足的需求
有效的资源和能力	即消费者认为购买该创业者或创业团队的产品或者服务比购买其他人的类似产品或者服务要获得更高的价值
一定的市场竞争力	产品或服务有竞争对手,但是更优越于对手
能够收回创业成本	在承担风险和努力创业之后能带来创业的收益和回报

创业者既要有愿景目标,也要看到客户的需求,同时也要知道满足客户需求的手段,把它们匹配起来,就是创业的机会。创业机会往往具有以下特征。

(1)普遍性:普遍存在于各种经营活动中。

创业机会往往为全社会所共有,无论我们是否意识到它,创业机会都会客观地存在于一定的市场环境中。稍微一迟疑,机会就可能会被别的创业者抢走。

(2)隐蔽性:无形地隐藏在各种事物中。

对一个新企业来说,创业机会不是每时每刻都显露出来的。新企业要努力寻找,从市场环境变化的必然规律中寻找和预测创业机会。

29岁的戴维·哈特斯坦在几次海外旅行后发现,欧洲人在鲜花上的费用约等于购买面包的费用;相比之下,尽管他的美国同胞要比欧洲人富有得多,但在鲜花购买上只能排到世界第13位。经过仔细调查,他发现了其中的奥秘:欧洲的花市要比美国的店面大,布置得很亲切,价格便宜大约35%,这些优势集中到一起,只会促使一种新事物的诞生——鲜花超市。经过戴维·哈特斯精心策划,他在美国成立了第一家具有欧洲风格的鲜花超市KaBloom。每家KaBloom的花店开张费用大约为25万美金,但较同级别的传统花店而言,其盈利是后者的5倍。

(3)偶然性:发现和捕捉具有很大的不确定性。

创业机会的发现有一定的偶然性,有时候会有很大的"意外"因素。然而在偶然的背后,又具有必然性。关键是要对创业机会保持高度警觉性,从市场环境变化的必然规律中预测和寻找市场机会。

例如被誉为指甲钳大王的梁伯强(中山圣雅伦有限公司董事长),决定生产指甲钳是因为朱镕基总理的一句话。1998年年底,梁伯强在看报纸时发现了一条新闻,当时朱镕基总理在参加一次会议时讲到"要盯住市场缺口找出路,如指甲钳子,我没有一个好用的指甲钳子,我们生产的指甲钳子,剪了两天就剪不动了"。梁伯强从这一句话发现了指甲钳的创业机会,开始了一系列调查、研究、学艺、改进,终于获得了成功。

(4)易逝性:不会永久存在,需要及时把握。

"机不可失,时不再来。"创业机会存在于一定时空范围,随着客观条件变化而变化,需要及时把握。1991年,一位年轻的工程师开发出了万维网,微软没有引起足够的重视,比尔盖茨甚至认为"想象所有公司广告都附上自己的网址,这一定是疯了!"1994年,网景(Netscape)成立,推出网络浏览器。1995年,比尔盖茨立即醒悟过来,不惜冒着与网景公司打官司和遭到美国司法部"垄断诉讼"的风险,在Windows 95视窗系统中免费捆绑了自己的网络浏览器(IE)。此后,微软丝毫不敢松懈,不断为IE升级,以确保自己在WWW上的领导地位。如果不是比尔盖茨的敏锐和及时醒悟,差点就失去了大好机会,微软就没有今天的成功。

(5)时代性:打上时代烙印,赋予社会、民族特色。

近几年,消费者明显感受到"新国货"化妆品的崛起为本土企业圈带来的蓬勃朝气。2019年,中华人民共和国成立70周年,持续近一年的国家形象展示前所未有地壮大了年轻消费者的民族自豪感和自信心。在这一时代背景下,"新国货"锐意创新,在营销环节加强与年轻人沟通,并利用社交媒介工具集中造势。

2019年,故宫和敦煌元素成为本土品牌最爱的IP。例如,主打古风元素的故宫文创系列彩妆、花西子等新晋品牌,主打国风营销的百雀羚、自然堂、六神等品牌。无论是传统国货美妆的新转型,还是新国货美妆的强势崛起,或是和本土符号的联名跨界,中国风、中国潮已成为新时代消费者的普遍选择。

2. 如何找到有市场价值的创业机会

"创造价值"是创业成功的立命之本。创业者在挖掘、筛选、分析项目构思时,要以创造市场价值为最根本的目标设定,分析市场,选定方案,并制订切实可行的行动计划。

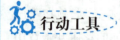 **行动工具**

GROW 模型

G(Goal setting)代表确认目标;R(Reality Check)是现状分析,要搞清楚目前的现状、客观事实是什么;O(Options)代表寻找并选定解决方案;W(Way Forward)代表制定切实可行的行动计划,并付诸行动。

本任务我们将从蓝海战略的视角,确认创业者创造价值的项目机会,并对多个机会分别进行现状分析,选定最终的项目方向。

在目标确认(Goal setting)环节,通常有三种产生创新想法的方法,分别是5Why分析法、头脑风暴讨论法和市场调研法。

(1)5Why分析法。

爱因斯坦说:"我若有一小时来解决一个问题,我将花55分钟来思考这个问题,5分钟思考问题的解决方案。"

所谓5Why分析法,是对一个问题点连续以5个"为什么"来自问,以追究其根本的方法。这种方法最初是由丰田自动织机的创立者丰田佐吉提出的;后来,其子丰田喜一郎创建的丰田汽车公司在发展完善其制造方法学的过程中也采用了这一方法。作为丰田生产系统的入门课程的组成部分,这种方法成为其中问题求解培训的一项关键内容。

丰田汽车公司前董事长大野耐一曾经发现一条生产线上的机器总是停转,严重影响整条生产线的效率。大野耐一觉得更换保险丝并没有解决根本问题。于是与工人做了一次问答。

一问:"为什么机器停了?"答:"因为超负荷,保险丝就烧断了。"

二问:"为什么超负荷呢?"答:"因为轴承的润滑不够。"

三问:"为什么润滑不够?"答:"因为润滑泵吸不上油。"

四问:"为什么吸不上油?"答:"因为油泵轴磨损、松动。"

五问:"为什么磨损了呢?"再答:"因为没有安装过滤器,混进了铁屑等杂质。"

经过连续五次追问"为什么",终于找到问题的真正原因和解决办法。

目前,该方法在丰田之外已经得到了广泛运用,包括在持续改善和精益生产运行及六西格玛中也经常被应用。虽为5个为什么,但使用时可不限定发问的次数,有时可能只要3次,有时也许要10次。该方法的本质是:打破砂锅问到底,追溯到根本问题为止。

课堂互动

> 请以学习小组为单位,针对自己生活、学习、工作中的某一个问题点用5问法进行提问和分析,看看能否从这些问题中发现大学生创业机会。

(2)头脑风暴讨论法。

头脑风暴法(Brain storming)由美国BBDO广告公司的亚历克斯·奥斯本(AlexFaickney Osborn)首创,该方法主张工作小组人员在正常融洽和不受任何限制的气氛中以会议形式进行讨论、座谈,打破常规,积极思考,畅所欲言,充分发表看法。

例如日本三菱树脂公司,随着生产的发展,急需研制一种新型净化池。公司召集了十多名技术人员,短短半天就提出了70多种方案,并从中挑选了10种最优秀的方案。然后将这10种方案绘成图,不断对各部分进行改进,最后得出了新型净化池的完美方案。这样进行集思广益,是一种非常有效的创新方法。

①开放型头脑风暴法训练。

第一步,"问题"就是商机,将它们记录下来。

创业者可以从微观视角出发,收集日常的感受与观察,找到多个客户面临的困扰或亟需解决的问题:可以是自己在生活中遇到(发现)的问题,可以是自己在工作中遇到(发现)的问题,可以是其他人遇到(发现)的问题或其他人的问题被你发现了。

智慧链接

饿了么的诞生

2008年的一天,在上海交大机械与动力工程学院宿舍间,张旭豪等几个室友打电脑游戏,玩到午夜12点,他们肚子饿了,打电话叫外卖送宵夜。谁知电话要么打不通,要么没人接。

大家又抱怨又无奈,饿着肚子聊起来。

"这外卖为什么不能晚上送呢?"

"晚上生意少,赚不到钱,何苦?"

"倒不如我们自己去取。"

"干脆我们包个外卖吧。"

创业就这样从不起眼的送外卖服务开始了。

2009年4月,饿了么网上订餐应运而生。

2015年8月28日,饿了么宣布完成6.3亿美元F轮融资。本轮融资由中信产业基金、华联股份领投、华人文化产业基金、歌斐资产等新投资方以及腾讯、京东、红杉资本等原投资方跟投。

2017年,饿了么在线外卖平台覆盖全国2000个城市,加盟餐厅200万家,用户量达2.6亿。

2018年4月2日,阿里巴巴集团、蚂蚁金服集团与饿了么联合宣布,阿里巴巴已经签订收购协议,将联合蚂蚁金服以95亿美元对饿了么完成全资收购,张旭豪出任饿了么董事长,阿里巴巴集团副总裁王磊出任饿了么CEO。

如今,饿了么已经成为中国最大的餐饮O2O平台之一。

创业者可以从宏观视角出发,关注和学习时政,并从中发现机会。国家宏观政策、产业/行业的实时发展动态、风投融资的新闻、创业成功的经验等,都可以成为发现商机的灵感来源。我国的改革开放就是最好的例证。1982年,刘家四兄弟借着改革开放的春风,毅然砸碎铁饭碗,从自己最熟悉的农村入手,从事生态养殖和饲料加工,创办了当时中国最大的民营企业——希望集团。随着2021年国家"双减政策"的出台,一向红红火火蓬勃发展的课外辅导培训机构创业项目则终将逐渐退出历史舞台,与此相反,家庭教育指导行业的创业在未来则可能兴盛起来。

宏观与微观的联系与区别

1. 宏观与微观的联系

(1)宏观与微观都是对物质世界的描述;

(2)宏观与微观有相互辩证的关系;

(3)宏观里面包含微观。

2. 宏观与微观的区别:

宏观研究社会总体经济的经济行为及其后果,主要是从整体性进行研究;微观研究个体经济活动参与者的行为及其后果,主要是从最小个体开始研究。

随堂练习

每个学习小组应该能够找到至少5条客户面临的困扰或亟需解决的问题,记录的句式模板可参考:

我们发现,＿＿＿＿＿＿＿＿＿＿(谁)＿＿＿＿＿＿＿＿＿＿＿
(正面临一些困扰/有亟需解决的问题)。

    1. ＿＿＿＿＿＿＿＿＿＿＿＿＿＿＿＿＿＿＿＿＿＿＿

    2. ＿＿＿＿＿＿＿＿＿＿＿＿＿＿＿＿＿＿＿＿＿＿＿

    3. ＿＿＿＿＿＿＿＿＿＿＿＿＿＿＿＿＿＿＿＿＿＿＿

    4. ＿＿＿＿＿＿＿＿＿＿＿＿＿＿＿＿＿＿＿＿＿＿＿

    5. ＿＿＿＿＿＿＿＿＿＿＿＿＿＿＿＿＿＿＿＿＿＿＿

你也可以把附录的记录表"做一名生活的观察者,并行动起来"作为日常观察的备忘录,从现在开始,做一个有心人,用观察的眼睛发现事实,把日常生活当作你接近商业、了解商业、思考商业的工作舞台。

第二步,从任意一个词语开始,利用头脑风暴法,逐一为这些困扰或问题制作思维导图,看看从项目构思的角度可以做出哪些发散性思考。

随堂练习

　　各学习小组制作你的专属思维导图。导图的绘制注意体现大脑思维的流程性，主题图和中心字突出，色彩丰富，关键词简洁。如下仅为参考模板，你可根据需要做更多的发散思考。

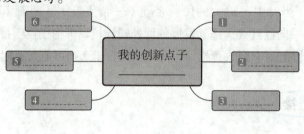

②结构性头脑风暴法训练。

　　创业者需要选择2～3个项目设想，从客户需求结构出发，进行发散思考，看看又能产生哪些新的创业想法。

知识拓展

　　1943年，美国心理学家马斯洛（Abraham H. Maslow）指出，人们需要动力实现某些需要，有些需求优先于其他需求。马斯洛理论把需求层次分成五级，从层次结构的底部向上，需求分别为：生命（食物和衣服）、安全（工作和保障）、社交（友谊）、尊重和自我实现，如图8－1所示。五种需要是最基本的、与生俱来的，构成不同的等级或水平，并成为激励和指引个体行为的力量。

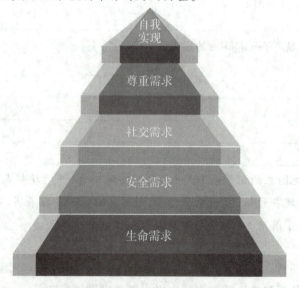

图8－1　马斯洛的五种需求论

　　在从动物到人的进化中，高级需要出现得比较晚，婴儿有生命需要和安全需要，但自我实现需要在成人后出现；所有生物都需要食物和水分，但是只有人类才有自我实现的需要。个体对需要的追求有所不同。低级需要只要部分满足，人的高级需要就会产生。

　　马斯洛需求层次理论被行为科学所吸取，并成为行为科学的一个重要理论问题。从经营的角度来看，每一个需求层次上的消费者对产品的要求都不一样，即不同的产品满足不同的需求层次。创业者应当将需求满足建立在消费者需求的基础之上考虑，不同的需求会产生不同的实现方法。

　　在对需求结构进行重组创新时，请记住一个原则公式：

　　　伟大的产品 = 卓越的性能(实体产品) × 强大的情感诉求(虚拟产品)

　　20世纪原创媒介理论家马歇尔·麦克卢汉(Marshall McLuhan)说："媒介即信息。"也就是说，每一项产品或服务都是作为一种媒介存在的，背后都包含了信息，至于它能不能形成传播，在多大程度上形成传播，取决于产品所蕴含信息的张力。好用、价格实惠、方便省事、减少麻烦等性能当然重要，但光有这些成就不了一个伟大的产品，就像一个普通的MP3和iPad，在播放音乐上并没有两样，但后者通过新颖的设计、绝妙的用户界面和创新的内容组织方式让用户爱不释手，这个爱不释手就是产品所蕴含的信息在传递上形成的与消费者的情感共鸣。

　　罗辑思维创始人罗振宇也曾指出："一切产业皆媒体。"产品本身是可以表达和传递价值的。企业如果能研究消费者的个性心态、生活方式，生产出满足相关消费需求的产品和内容，提供独特的消费体验，就能实现与消费者的情感共鸣，产品就能实现在消费者间的价值传播，获得市场的认可。

　　例如，剃须刀产业饱和度极高、品牌瓜分很彻底，男用电动剃须刀基本被博朗、飞利浦、松下三分天下。2008年，奔腾剃须刀在走访了北京市场经销商后发现，购买男用剃须刀的客户60%是女性。原来剃须刀不仅是用品，更是礼品。于是，奔腾剃须刀设计了一系列给女性看的广告，不再表达其产品的功能价值，而是从信息、意义、情感上，与女性消费者产生共鸣。结果，奔腾卖得最好的一款剃须刀是大红色的。

　　又例如，一个高科技、大冲力、超静音的马桶要价3万，是如何征服消费者的？企业是这样告诉消费者的：和老人住一起的人都知道，老人经常要起夜，上厕所冲一下，另外一个就醒了，睡不着了，睁眼到天亮。这个马桶卖给有老人的家庭，卖的是父母后半辈子睡得着。3万值不值？

　　这些产品正是因为在某一点上做到了创新、极致，并在情感上得到了消费者的认同，所以在市场上获得了极大的成功。

　　所谓产品的创新，不仅仅是技术上的革命，更是行业的跨界和思维的混搭。例如，黄太吉煎饼是卖煎饼果子里最会玩互联网营销的，也是互联网圈里最会卖煎饼果子的;野兽派花店则是将艺术的混搭运用到了鲜花作品上。混搭和跨界是科技和人文的交互,是将产品的理性功能和人文内涵浪漫地结合在一起。理性功能指向消费者的痛点,人文内涵指向消费者的情感,产品的使用过程不再是简单道具的操作,而是独特和愉悦的享受过程。

智慧链接

传统企业如何"弯道超车"

天下网商总编助理叶成云的总结一针见血:2010 年之后的体验经济时代,电商发展就是要解决痛点与盲点,关注卖货、组货与发货问题,而核心就在于改善用户体验,寻找"弯道超车"的机会。譬如客满多解决的是客户沉淀的问题,而爱图购则指向流量成本越来越高的症结。

那怎样改善客户体验呢? 叶成云以两个生动的案例来说明。

1. 三只松鼠干果

三只松鼠是以销售坚果类食品为主营业务的互联网企业,有出色的品牌故事和品质把控。凭借精准的定位和完善的购物体验,三只松鼠上线两个月就拿到了淘宝坚果类的销售冠军,二次购买率达到 40%。

他们不但把干果加工得非常容易剥开,附赠的双层特色"松鼠形象"包裹里还有开壳工具、扔果壳的垃圾袋、擦手的纸巾、封口夹、微杂志等,将购物体验做到极致。还有什么比这些更贴心呢? 除此之外,他们号称"用生命在卖萌的特色客服军团"还实现了一对一服务,客户每次购买三只松鼠产品,收到的包裹都不一样。

2. 广东某三脚架企业

普通的三脚架只能在基本结构不改变的情况下进行表层的微创新,如变更三脚架的颜色、材质等。但是广东的这家公司标新立异,颠覆了三脚架的既成形态,让三脚架变迷你、变可爱、变酷炫——有的品类折叠可如同雨伞一样随身携带,有的品类可以变形重组成"八爪鱼",有的品类让三脚架从"立在地上"变成了"贴在墙上""戴在头上""悬在天上"……形形色色的"立体创新"满足了年轻时尚的消费需求,跳脱出了传统平面思维的束缚,小米官网所采购的三脚架就出自该企业之手。

（资料来源:https://www.sohu.com/a/13980432_115748,节选）

思考并分析:

"三只松鼠淘宝店和广东的三脚架生产企业是如何让自己的产品形成自传播的?

为消费者提供独特的消费体验意味着企业完成了从物质产品向情感商品的营

销飞跃,客户购买的虽然是产品,但真正得到的却是产品所映射的内心思想、情感语言和个性形象。就好比花钱去海底捞"折腾"服务员,顺便吃个火锅;花钱去星巴克打发无聊时光,顺便喝杯咖啡;购买一个关于阿尔卑斯山的故事,顺便得到一瓶依云矿泉水。它的基本逻辑是——产品是顺带的,花钱买的是消费带来的感觉,消费者在这个过程中玩的是时尚、新潮和享受。

所以,当前市场最紧俏的商品不是更好的手机、衣服或电脑,而是那些能帮助消费者充实精神世界、刺激感官享受的东西,这种东西与物质无关,只跟感觉和欲望有关。

体验营销解决了如何让物质产品变成情感商品,让实体产品兼具虚拟功能,让购买冲动变成购买习惯,让产品成为价值观的一部分等问题。在体验经济时代,消费者最关心的是个人的体验和消费的过程,而客户愉悦度是这个时代最重要的价值考评。

随堂练习

请各学习小组从"衣食住行游娱购"中任意挑选 1 个产品,从不同的需求结构发散思考,看看你又产生了哪些新的创业想法。

在对需求结构进行重组创新时,请记住这个原则:

伟大的产品=卓越的性能(实体产品)×强大的情感诉求(虚拟产品)

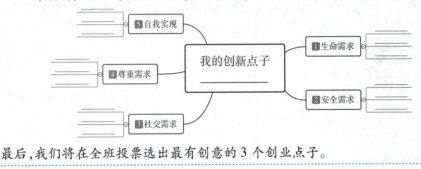

最后,我们将在全班投票选出最有创意的 3 个创业点子。

（3）市场调研法。

创业者寻找创业机会,还可使用市场调研法,主要针对自然和社会环境、创业地区企业情况、互联网数据等进行调研,主要可以运用的市场调研方法有文献分析法和实地调研法。

①文献分析法。

中国大庆油田的设备是哪个国家提供的

20 世纪 60 年代,中国发现了大庆油田,但当时对外是严格封锁消息的。

1960 年,日本石油化工设备公司从我国公开发行的《人民画报》上惊奇地发现:北京市公共汽车上的气包不见了! 气包不见了,那不就说明中国人现在开发了很大的油田吗? 那么,油田在哪里? 规模有多大? 他们公司是否有利可图? 日本人对这一信息展开了深入细致的研究。

1964 年 7 月,《中国画报》的封面刊出了一张照片——大庆油田的王进喜头戴"大狗皮帽",穿着厚厚的棉袄,袄子上还有雪花,手紧紧握住钻机手柄,眼睛眺望着远方,他的身后是高大的井架。据此,日本人得出结论一:大庆油田可能在东三省北部的某地。因为中国其他地方很难下这么大的雪。

然后,日本人注意到《人民日报》报道王进喜到了马家窑,豪迈地说:"好大的油海啊,我们要把中国石油落后的帽子扔到太平洋里去!"于是,日本人找到了伪满时期的旧地图,得出结论二:马家窑是位于黑龙江省的一个村子。

接下来,日本人根据《人民中国》的介绍,中国工人阶级发扬"一不怕苦,二不怕死"的精神,肩扛人抬将设备运到现场。他们由此推断结论三:石油钻井离马家窑很近。

随后,日本人根据王进喜出席第三届人代会,推断出结论四:大庆出油了。接着,日本人根据照片中王进喜所握的手柄的架式,推算出油井的直径。

根据当年国务院的《政府工作报告》,由当时的全国石油产量减去原有产量,日本人套算出大庆油田的石油总产量,并得出结论五:中国一定要引进技术和设备。根据中国当时的气候和环境,日本人思考开发油田需要的技术和综合利用的设备,并快马加鞭地进行设计。

日本人的构想比中国人自己的心思整整提前了 4 年。

当中国以石油的综合利用向外国招标设备时,美国、英国、德国等方案均未被采纳,而日本石油化工设备公司却顺利中标。

②实地调研法。

让我们以汽车为案例,体验一下汽车企业是如何通过对消费者面临的困扰和亟需解决的问题,创新产品、满足需求、引导消费的。

 智慧链接

汽车的发展史

1885 年,德国人卡尔·本茨制造出世界上第一辆以汽油为动力的三轮汽车(图 8-2),并于次年 1 月 29 日为发明专利立案,因此 1 月 29 日被认为是世界汽车诞生日,1886 年被定为世界汽车诞生年。

图 8 – 2 世界上第一辆以汽油为动力的三轮汽车

1895 年开始使用充气轮胎,汽车的舒适性得到提升,之后逐渐在车身上加装了挡风板和挡泥板等构件,如图 8 – 3 所示。这个时代马车造型的汽车多是以家庭为单位的作坊手工制作的,是专属富人的奢侈品。

图 8 – 3 马车造型的汽车

1913 年,福特首次采用流水线的生产方式,大大提高了劳动生产率,年产量达到 30 万辆,占当时全球汽车产量的 70% ~ 80%。1915 年,福特 T 形车(图 8 – 4)首次将简陋的布篷换成木制的箱型车身,木质的箱型车身可以遮风挡雨,乘坐舒适性大大提高。

图 8 – 4 福特 T 形车

从 1920 年代末到 1950 年代,设计师将飞机设计中的空气动力学概念引入汽车,以降低风阻提高速度。钢板冲压工艺的出现为流线型汽车的大批量生产提供了条件。

1937 年,大众甲壳虫轿车(图 8-5)推出,由于其廉价耐用、造型可爱而得到人们的喜爱,成为唯一能与福特 T 形车媲美的车型。甲壳虫造型的汽车极大地降低了风阻、提高了车速,最高时速超过了 100km/h。

图 8-5 大众甲壳虫轿车

1949 年的福特 V8(图 8-6)是世界上首辆船型车,它改变了以往的汽车造型,乘客舱、发动机舱和行李舱分三段,也称为"三厢车"。车身宽敞华丽,然而油耗较高。

图 8-6 福特 V8

随着生活节奏的加快,人们对车速的要求也越来越高。楔形汽车的造型符合空气动力学,行驶起来既高速又安全。楔型汽车在 20 世纪 60 年代以后广泛应用于赛车领域。汽车行业朝着娱乐方向拓展。

20 世纪 80 年代后,更多地考虑消费者的需求和实用性,提升车辆的燃油经济性。一种新的车型——MPV(多功能轿车)问世,它集轿车、旅行车和厢式货车的功能于一身,满足人们的各种需求。这种车型在我国被俗称为"子弹头"。MPV 在中国市场的销量就不那么乐观了,首先是它偏高的售价不符合中国的消费水平,其次是它笨重的车身不符合中国人的审美,加上中美不同的文化差异和生活方式,这些都导致了 MPV 在中国的"水土不服"。相反,SUV 在中国却大受欢迎。

进入 21 世纪以后,汽车市场又在朝着哪些方向进军呢?同学们,让我们继续探索吧。

"解放思想,实事求是。"实事求是,就是从实际出发,探索事物的客观规律。解放思想,就是在探索规律时,不受原有条条框框的约束。换句话说,就是不唯上,不唯书,只唯实。在实践中,从实际出发,不受约束地去探索客观世界。

"乘风破浪会有时,直挂云帆济沧海。"只要我们做好创业的准备,从市场需求、技术变革、社会变化和政策改革中不断发掘,解放思想、实事求是,机会就一定会垂青我们。

3. 分析项目构思

现在,创业者手头已经有多个创业设想,接下来,还要进一步思考:这个创业设想是否合适,是否经得起推敲? 这个项目具有发展前景和竞争力吗? 这个项目将来真的能赢利吗?

比较和分析创业设想,创业者还将用到实地调研、自然因素和政策因素评估、外部人士访谈、SWOT 分析等方法。通过这些方法,创业者能够有效评估项目构思的可行性并做出决定。创业者的决定可能是:

(1)找到了优势更大、机会更多、更适合创办、更有可能成功的项目构思,创业设想经得起推敲,项目具备可持续发展性;

(2)需要改进项目,使之完善;

(3)决定放弃这个项目,另起炉灶。

选择创业,就选定了一种生活方式、设定了一个人生目标,用企业家精神鞭策自己,将创意转化为巨大的社会财富,注定了境遇改变,走向不一样的未来。

"创业绝不应该奔着钱去。"如果决定创立自己的事业,就要有更高的目标,为国家、为人民、为世界、为整个人类创造真实的价值。世界上没有一贫如洗的成功者。成功的企业家一定是富有的。

附录

做一名生活的观察者,并行动起来

创新者首先应该是一名生活的观察者。

你在生活中会遇到一些让你主动参与或者迫不及待付费的产品,快把它记在这里。它就是你要学习的榜样,即使跟你的兴趣、领域风马牛不相及。跨界学习,是产生创新的一种方法!

那些有吸引力的产品	它让我主动参与或者迫不及待付费的原因

也许,你生活中还常常遇到的一些小烦恼。那你想过解决之道吗? 即使没有

想到好的解决办法也不要紧，先把这些小烦恼记下来。

又或者，最近的哪些时政新闻、热点报道引起了你的注意，让你看到了不一样的机会，激发了你对产业/行业新的思考，不要让这些思绪随意划过，把它们记录下来。

说不定哪一天，这些就成了你创新创业的起点！

下面的内容该由你来填写了。记录你的生活，注意结合宏观和微观的视角进行商业思考：

我的生活小烦恼	我期望的解决办法
我关注的时政要闻	我看到的产业/行业机会

搭班子

💡 项目导读

　　《天下无贼》电影中,葛优曾经说过一句经典台词:"21 世纪什么最贵?人才!" 阿里巴巴的十八罗汉、腾讯的五兄弟、雷军的铁人三项都是企业争相学习的榜样。

　　"定战略、搭班子、带队伍",被联想集团创始人柳传志称为创业的三道"硬菜"。创业项目落地后,如何建团队、搭班子、带队伍,关系到创业企业的价值创造和基业长青。

任务9　组建和管理创业团队

【思政燃灯】

1. 海纳百川,团队协作。
2. 团队资源的杠杆思维。

【行动工具包】

微小企业人力资源需求分析表。

课堂互动

> #### "三个臭皮匠赛过诸葛亮"的来历
>
> 　　赤壁大战的时候,诸葛亮定了草船借箭之计,但最初计划的只是用普通的草垛覆盖在船上。诸葛亮将准备工作交给了三个裨将(古代的一种军职名)。三个裨将在准备的过程中发现,如果用普通草垛的话是会被曹军看出破绽的,于是自作主张使用了草人代替草垛,带上盔甲,伪装成真人。最终,三个裨将的这个计策为草船借箭的成功立下了大功。
>
> 　　思考并分享:总结一下,为什么三个臭皮匠赛过诸葛亮?
> 　　首先,工作人员具备不同的专业背景。有人是缝纫师傅,有人从事皮影表演,有人学兵法出身。所以,三人之间的视角和解决问题的方法就不一样,也就是说每个人都贡献了他独特的价值。
> 　　其次,轻松愉悦的工作氛围,大家有商有量。俗话说,一人计短,两人计长。三个裨将都具备一定的解决问题的水平和能力,所以有事情大家一起商量,积极探讨,最终才能形成最有效的解决方案。
> 　　最后,工作环境平等,知人善任。因为三个裨将是平等的,没有地位和身份的局限,能够独立决策和工作,在商量的过程中可以各抒己见,毫不避讳,敢于反驳,敢于说不。

9.1　建立【是什么】的世界观/人生观

　　——了解创业团队的定义和组建原则。

1. 创业团队的定义

课堂互动

什么是创业团队,说说你的看法:
1. 你心目中的创业团队是怎样的?
2. 你想组建一支怎样的创业团队?
3. 有哪些创业团队的管理技巧和策略的故事令你印象深刻的?

团队是由员工和管理层组成的一个共同体。团队内部能够合理利用每一个成员的知识和技能,协同工作解决问题,达成共同目标。

创业团队在创业初期(包括企业成立前和成立早期)由两个以上个体组成,具有一定利益关系、才能互补、责任共担、愿为共同的创业目标而奋斗的特殊群体。

2. 创业团队组建的基本原则

凡用人之道,采之欲博,辨之欲精,使之欲适,任之欲专。

——北宋司马光《稽古录·卷十六》载

2018年11月26日,十九届中央政治局就中国历史上的吏治举行第十次集体学习,习近平总书记在主持学习时引用了这句经典。其大意为:"用人的方法,在于广泛地采纳选拔,精准地辨别甄选,委派合适的任务,根据各自的专长任用。"

(1)团队目标明确合理原则。

目标既是团队成员共同的奋斗方向,也是团队成员团结协作的基础,因此企业必须明确自己的发展目标,并让每个团队成员都能清楚认知并理解。同时,目标具有激励功能,因此团队目标必须合理可行。

(2)团队成员能力互补原则。

个人的能力再强,也会有力所不及之处,寻求团队合作的主要原因就在于通过团队成员相互间在知识、技能、经验以及资源等方面的互补,实现"1+1＞2"的协同效应。

(3)团队构成讲究成本效益原则。

团队成员的选择除了互补之外,还要讲求成本效益。成员高配会增加运营成本,浪费资源;成员低配则会降低企业运行效率,阻碍企业发展。创业团队人员构成应在保证项目能高效运作的前提下尽量精简。外聘兼职或者外包业务,是不少初创项目偏爱的兼顾成本与效益的方式。

(4)注重动态开放原则。

人员风险是创业者在创业过程中不可避免的重大风险之一。由于风险大、报酬低、能力匹配度不确定、观念需要磨合等多种原因,不断有人脱离创业团队,同时也有人要求加入团队。因此,在组建创业团队时,应注意保持团队的动态性和开放性,使真正完美匹配的人员能被吸纳到创业团队中来。

课堂互动

《西游记》中的取经团队是一个好的创业团队吗

《西游记》描写了孙悟空出世及大闹天宫后,遇见了唐僧、猪八戒、沙僧和白龙马,西行取经,一路上历经艰险、降妖伏魔,整整受了九九八十一难,终于到达西天见到如来佛祖,最终五圣成真的故事。

有人说,《西游记》不仅是一部伟大的神话故事小说,也是一部伟大的创业史。看起来是师徒四人历经艰难险阻,最终到达西天取经成功的故事,其实背后巧妙地融入了一个创业团队从公司起步到步入正轨的完整过程。

思考并分享:

1.请你运用创业团队组建的基本原则,分析《西游记》中的取经团队是不是一个好的创业团队?

2.一头狮子领队的绵羊群能否战胜一只绵羊领队的狮子群?请分享你的观点。

9.2　建立【为什么】的价值观

——理解创业团队的价值和具体构成。

1.创业团队的价值

网上有调研数据显示:70%创业成功的企业,都有多名创始人。其中,企业创始人有2~3人的占44%,有4人的占17%,有5人以上的占9%。尤其是在高科技领域,团队创业比个体创业多得多。事实证明:选择合理的创业模式,组建卓有成效的创业团队是创业成功的重要基础。创业团队工作绩效大于所有成员独立工作绩效之和。没有团队的创业也许并不一定会失败,但要创建一个没有团队而具有高成长性的企业却极其困难。

相对个人创业而言,创业团队具有以下突出优势:

(1)团队成员对工作目标及责任共同承担;

(2)团队成员能力互补、认知共享;

（3）团队成员有助于形成更有效的决策；

（4）团队成员能达成更优质的工作绩效；

（5）团队成员的智慧合力能更加迅速地应对技术变革；

（6）对创业机会的识别、开发和利用能力大大提高。

2.创业团队需要谁

总的来说，一支好的创业团队，应该由项目创始人、项目合伙人、员工、项目顾问等关键人物构成。

（1）项目创始人。

在大部分创业项目中，作为项目所有者和经营者的创始人，是创业团队的组建者以及领导者。

项目创始人作为创业团队的组建者，一定要认清自身的优势与劣势，明确哪些工作可以由自己去做，哪些工作自己没能力做，哪些工作自己有能力但没时间做。互补性，是选择合伙人或招聘员工的重要原则之一。

项目创始人作为创业团队的领导者，要明确以下重要职责：

①具备开发创意能力，能够制订目标和行动计划；

②能够撬动必要的经营杠杆和财务杠杆，激活创业项目；

③能够组织和调动员工实施行动计划；

④确保计划的执行，使创业项目达到预期目标。

智慧链接

成为注重贡献的管理者

有效的管理者，必注重贡献。他会眼光朝上，使自己的工作朝向目标。他常自问："对我服务的机构，在绩效和成果上，我能有什么贡献？"他强调的是责任。

可是大多数的管理者都是眼光朝下。他们重视勤奋，而忽略成果。他们耿耿于怀的是：所服务的组织和上司是否亏待了他们，是否该为他们做些什么。他们抱怨自己没有职权，结果是做事没有效果。

一个人不论其职位多高，如果仅仅是勤奋，如果老是强调自己的职权，那么他永远只算是别人的"下属"。

反过来说：一个重视贡献的人，一个注意对成果负责的人，尽管他位卑职小，他还是可以位列于"高层管理人员"。因为他以整体的绩效为己任。

"贡献"这个名词，其含义非常广泛。每一个组织都需要三个主要方面的绩效：直接的成果、价值的实现和未来的人力发展。

缺少了任何一方面的绩效，组织注定非垮不可。因此，每一位管理者都必须在三方面均有贡献。当然，三者之间，可以有轻重先后之分，这要看管理者本人的个性和地位，以及组织本身的需要而定。

（资料来源：彼得·德鲁克《卓有成效的管理者》）

（2）项目合伙人。

如果创业项目是由两个或两个以上的人共同出资组建的，那么这些人将以合伙人的身份共同经营、共担风险、共享收益。

选择合伙人，一定要签订书面合伙协议，明确各自的责任、权利、义务，明确各自工作职责、利益如何分配、决策程序等。团队创业可以选择设立合伙企业、有限责任公司或股份有限公司，通过完善的制度规范经营、规避风险。

随堂练习

请以你的创业项目为例，和你的创业团队一起填写表9-1，拟定你们的合作协议。填写前请查阅《中华人民共和国合伙企业法》。

表9-1　合伙协议

合伙协议				
协议内容　　合伙人　　条款				
出资方式				
出资数额与期限				
利润数额与亏损分摊				
经营分工、权限和责任				
合伙个人应负的责任				
协议变更和终止				
其他条款				

（3）员工。

如果项目创始人和合伙人没有时间或能力把所有工作都做完，那就要招聘员工。为了招聘到适合的员工，管理者需要综合考虑员工雇佣的效益与成本两方面。选择员工一般有如下步骤：

①根据因事设岗原则，详细列出创业项目涉及的工作内容；

②分析哪些工作自己做不来，可能是没能力或没时间，又或者是没精力；

③做工作说明，并列出这些工作所需的技能和其他要求，如年龄、性别、身高、学历、工作经验、技能水平、所需人数、工作时间等；

④确定人数、工资，工资要考虑最低工资标准、同行业雇佣人员的工资水平和创业项目现在的支付能力。

随堂练习

请以你的创业项目为例,填写"微小企业人力资源需求分析表",见表9-2。

表9-2　微小企业人力资源需求分析表

工作内容	完成这项工作需要的技能、经验和其他要求	业主有没有时间、技能、经验做这项工作		需要的员工数	预期的员工工资额
		有	没有		
办公室综合管理					
记账算账					
市场调查和营销					
项目成本管理					
销售目标制定与实施					
购买产品、原材料、服务等					
监督生产					
其他工作(详细说明)					

(4)项目顾问。

俗话说"术业有专攻"。一个人能力再强,也不可能是所有事务的专家,创业项目在推进过程中少不了需要寻求专业人士的帮助,如相关专业专家、金融从业人员、会计、律师、政府职能部门工作人员、创业培训导师、企业咨询顾问等。创业团队可以将这些对项目有帮助、扶持的专家邀请或聘请为自己的项目顾问。

9.3　建立【怎么做】的方法论

——掌握团队组建的具体步骤,能针对自己的创业项目开展初步的组建工作。

——学习用杠杆的思维方式找到创业项目做大的途径。

1.创业团队组织结构设计原则

创业团队的组织结构不是一成不变的,团队的构建应该秉承提高工作效率以及节约成本的原则,根据发展阶段和经营规模大小,对组织结构进行变更与调整。

(1)尽量减少管理层级。

管理层级是指最高主管的委托人需要将受托担任的部分管理工作再委托给另一些人来协助进行,以此类推,直至受托人能直接安排和协调组织成员执行具体业务活动,由此形成组织中从最高主管到具体工作人员之间的不同管理层次。

由于项目尚处于初创阶段,创业团队成员较少,工作关系较简单,经营和决策过程有较高的灵活度,此时适宜采用扁平化的组织架构,一般2~3个层级就足够了。较少的管理层级可以提高组织的信息收集、传递和决策效率,发挥组织的内在潜力和创新能力,从而提高组织的整体绩效,达成组织的战略目标。

（2）适当增大管理幅度。

管理幅度又称为"管理宽度",是指任何主管能够直接有效地指挥和监督的下属数量。有效管理幅度的大小会受到管理者本身素质及被管理者的员工素质、工作内容、组织文化、工作环境与工作条件等诸多因素影响。一般来说,高层管理幅度3～6人较为合适,中层管理5～9人较为合适,低层管理幅度7～15人较为合理。

2.设计团队组织结构

（1）设计团队组织结构的步骤。

第一步:弄清创业项目内部需要哪些工作职能,应该划分成哪些部门,设置哪些岗位。

第二步:明确各工作部门和岗位之间的关系,是从属关系还是并列关系,并考虑并列关系的部门和岗位之间如何进行协调和配合。

第三步:明确各工作部门和岗位的工作职责和内容。

第四步:明确各部门和岗位应该设置哪些人员,设置多少。

（2）一种常见的小微企业组织架构。

小微企业最常见的组织结构是直线型组织结构（图9-1）,也就是把企业的人员按照工作责任分成若干部门,并为每个部门设置一个领导职务,然后明确各部门之间的关系。这种组织结构使企业内部从上到下实行垂直领导,下属部门只接受一个上级的领导,部门领导对所属部门的一切问题负责。

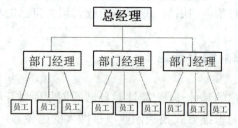

图9-1　直线型组织结构图

3.招聘员工

（1）员工招聘工作步骤。

第一步:明确岗位需求信息。

因事设岗,明确岗位职责并编制岗位工作说明,确定相应岗位员工所需素质和技能,预计相应岗位所需员工数量。

第二步:发布招聘信息。

招聘信息内容应明确列出招聘岗位的岗位职责及岗位要求,一般每项列3～6条即可,简明扼要,条理清晰,突出岗位特性及要点。

发布招聘信息渠道或途径有:招聘会现场、网络、校园、报纸、户外广告牌等,也可以派发街头传单,或者委托专业人力资源公司、猎头和在职员工推荐介绍。

第三步:面试选拔。

邀约面试:根据简历与岗位需求匹配度,筛选面试者;准备电话初步面试及邀约话术;实施电话初步面试及邀约下一步面试。

实施面试测评:确定面试流程、周期以及面试官层级,准备面试测评工具,组织面试测评,从全部面试者中筛选出录用候选人。

薪资谈判:了解候选人原单位的待遇福利状况,讲清本企业的待遇福利状况、发展前景,以及该岗位候选人未来能取得的成就与地位。

第四步:录用。

背景调查及审批:做背景调查前,应该提前取得候选人的同意,或者在填写企业职位申请表时声明可能会采取的背景调查事项。背景调查的内容包括不限于原工作单位、工作时间、工作岗位、离职原因、身份证明、学历证明、离职证明、身体状况、是否有违法记录等。

发送录用通知书:录用通知书内容包括不限于报到时间、地址、岗位、薪资待遇、所需材料以及无效约定等。

入职报到:明确入职报到流程,签订劳动合同,接待安置新入职员工,带新入职员工熟悉了解办公环境等。

第五步:试用转正。

明确试用期限、试用期的薪资待遇、试用期合格考查标准、转正后的薪资待遇等。

课堂互动

假设你的公司正在招人,有两位保洁员岗位的应聘者,一位是有10年工作经验的保洁员,另一位是经过专业培训刚刚毕业的学生。你会挑哪一位,为什么?

你可以考虑的因素有:

1. 招聘有经验的保洁员;

2. 招聘能有效自我管理的保洁员。

4. 管理员工

员工作为项目运营至关重要的生产要素之一,能否为创业项目创造更高的效益,主要取决于业主或经理的员工管理能力水平。

管理好员工,可以从以下几个方面入手:

(1)向每一位员工讲解他所在企业的使命与愿景,让员工融入团队中,让他对团队有归属感;

(2)让员工明确他的工作目标与任务,并指导员工做出详细的工作计划;

(3)及时跟进了解员工工作计划的执行情况,并适时给予员工必要的援助;

（4）对员工的工作表现，定期进行总结和反馈；

（5）对员工的工作成效及时进行相应激励或奖惩，如物质的奖励与惩罚、名誉褒奖与批评、职位升迁与下降等。

（6）关怀员工的成长，支持鼓励员工参加相关业务能力提升的学习培训机会。

（7）关怀员工的生活、健康状况，如给员工进行定期体检、举办员工活动、做好生日及节假日关怀等。

杠杆理论

成功不可复制，但成功原因可以。

成功是结果，能力内核是成功的原因；成功不可复制，但能力内核可以。

复制成功，本质就是找到一个坚实能力内核作为支点，然后用更多的资源杠杆，撬动更大的结果。

利用杠杆理论复制自己的核心能力有两个关键因素：

1.支点，也就是坚实可复制的能力内核；

2.杠杆，也就是充沛有效的用于复制内核的资源，如团队、产品、资金、影响力等。

需要注意区别的是，好产品是杠杆，做好产品的流程是支点；好员工是杠杆，生产好员工的制度是支点；好用户是杠杆，获得好用户的方法是支点。

团队杠杆

麦肯锡公司是世界级领先的全球管理咨询公司，是由美国芝加哥大学商学院教授詹姆斯·麦肯锡（James O'McKinsey）于1926年在美国创建。下面我们以麦肯锡为例，分析它成功的内核和杠杆分别是什么？

1."知识库+方法论"是支点

在麦肯锡，所有曾经服务过的客户案例，都会进入一个知识库。这家企业这么做成功了，那家企业那么做失败了，都会被写下来。同时，麦肯锡还发明和设计了很多咨询的方法论，如MECE法则、七步分析法等。这些是麦肯锡从最有经验的咨询顾问体内，提取出来的"能力内核"，就是那个支点，也就是它坚实可复制的能力内核。

2.团队就是杠杆

有了这个支点，麦肯锡开始寻找杠杆，招聘刚从商学院毕业的年轻人，就是有效的资源杠杆。这群顶级聪明的年轻人，用科学的方法和被验证的知识库，给企业家提供咨询。

麦肯锡的团队有四种。

第一种是羽毛球双打模式。两位羽毛球选手之间没有非常明确的分工,共同为结果负责。把两名队员"黏合"成团队的,是合伙人式的彼此"信任"。

第二种是足球队模式。11 个人有明确的战略分工,但是彼此协同。大家不能都去抢球,但遇到风险,必须有人能补位。把 11 个球员"黏合"成团队的,是 343 阵型、352 阵型式的"战略"。

第三种是交响乐队模式。整个乐队只有一个乐谱,这个乐谱是演奏流程。指挥有微调流程的权力。这样,上百人的演奏,你才会只听到一个声音。把上百人"黏合"成团队的,是"乐谱+指挥"式的"流程"。

第四种是军队模式。在军队中,每个士兵都不了解全局,但都对使命有神圣感,对制度有敬畏感。每个人都是流水线上的一个工种。别和我讨论战略,杀敌就有奖,叛逃必惩罚。把成千上万人"黏合"成团队的是"奖惩"。

（资料来源:刘润《5 分钟商学院·实战》第 32 周:杠杆理论做强）

思考并分享:

请你运用杠杆理论,分析你正在或准备进行的创业项目的支点是什么? 都有哪些资源(如团队、产品、资金、影响力等)可以作为你的杠杆?

任务 10　选择企业的法律形态

【思政燃灯】

1. 守法经营,基业长青。
2. 社会主义市场经济必然是法治经济。

10.1　建立【是什么】的世界观╱人生观

——掌握创业企业的法律形态,合法合理地选择企业组织形式。

1. 解读企业的法律形态

企业根据不同的标准有不同的分类:按照投资主体划分,可将企业分为国有企业和非国有企业;按照承担的职能划分,可将企业分为竞争型企业和非竞争型企业;按照企业的规模划分,可将企业分为公司类企业和一般类企业;按照是否独立享有权利、承担义务和责任划分,可将企业分为法人企业和非法人企业。如图 10 - 1 所示。

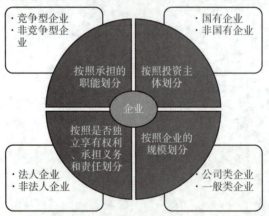

图 10 - 1　企业的分类

法人企业和非法人企业是企业的法律形态,也叫企业的组织形式。企业作为一种组织必须具有一定的法律形态。

法人的定义

《中华人民共和国民法典》(以下简称《民法典》)第 57 条规定:法人是具有民

事权利能力和民事行为能力,依法独立享有民事权利和承担民事义务的组织。

法人成立的条件

《中华人民共和国民法典》第五十八条规定,法人应当依法成立。法人应当有自己的名称、组织机构、住所、财产或者经费。法人成立的具体条件和程序,依照法律、行政法规的规定。设立法人,法律、行政法规规定须经有关机关批准的,依照其规定。

法人企业和非法人企业的区别

法人企业是指依照法定程序成立并能独立行使法定权利和承担法律义务的社会组织。法人企业依法独立享有民事权利、承担民事义务和民事责任,可以独立支配和处分所经营管理的财产。

非法人企业是指合法成立,有一定组织机构和财产,但又不具备法人资格的社会组织体,它具有相应的民事权利能力和民事行为能力。非法人企业由企业成员承担无限民事责任。当企业出现负债,且其自身拥有财产和经费不足以清偿债务时,企业出资人个人将对企业所欠债务承担连带清偿责任。

《民法典》第61条规定:依照法律或者法人章程的规定,代表法人从事民事活动的负责人为法人的法定代表人。法定代表人以法人名义从事的民事活动,其法律后果由法人承受。法人章程或者法人权力机构对法定代表人代表权的限制,不得对抗善意相对人。

法人是一个组织,法定代表人是自然人。法人的本质是法人能够与自然人同样具有民事权利能力,成为享有权利、负担义务的民事主体。《民法典》以法人成立目的的不同为标准,将法人分为营利法人、非营利法人和特别法人,如图10-2所示。

图 10-2　法人的分类

依据《民法典》的规定,营利法人是以取得利润并分配给股东等出资人为目的成立的法人,包括有限责任公司、股份有限公司和其他企业法人等,如图 10-3 所示。营利法人经依法登记成立。

图 10-3　营利法人的分类

《民法典》规定,非营利法人是为公益目的或者其他非营利目的成立,不向出资人、设立人或者会员分配所取得利润的法人,包括事业单位、社会团体、基金会和社会服务机构等,如图 10-4 所示。

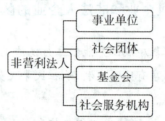

图 10-4　非营利法人的分类

《民法典》规定,机关法人、农村集体经济组织法人、城镇农村的合作经济组织法人、基层群众性自治组织法人为特别法人,如图 10-5 所示。

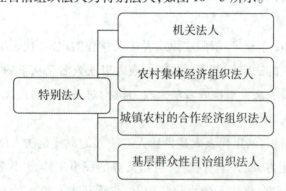

图 10-5　特别法人的分类

创办企业,创业者要了解和学习《中华人民共和国公司法》(以下简称《公司法》),深入理解企业每一种法律形态的特点,根据自己的需要选择最合适的企业组织形式,即企业法律形态。

课堂互动

如图 10-6 所示,讨论创业者选择不同的法律形态对初创企业会造成哪些影响?

图 10-6　创业者选择不同的法律形态对企业造成的影响

2. 法人企业的主要形式

"白手起家"创业成为现实

2013 年 12 月 28 日,十二届全国人大常委会第六次会议审议通过了关于修改《中华人民共和国公司法》的决定。

修改后的《公司法》自 2014 年 3 月 1 日起施行。根据新《公司法》,除了另有规定的情况之外,取消了关于公司股东应当在公司成立之后两年内缴足出资,投资公司可以在五年内缴足出资的规定;取消了一人有限公司的股东应当一次足额缴纳出资的规定,公司股东可以自主约定认缴出资额、出资方式、出资期限等,并记载于公司的章程。

注册资本的实缴制与认缴制,是企业登记时对注册资本的两种模式。二者之间的不同如下。

1. 实缴制是指企业营业执照上的注册资本是多少,该公司的银行验资账户上就必须有相应数额的资金。实缴制需要占用企业的资金,一定程度上抑制了投资创业,降低了企业资本的营运效率。

2. 认缴制是指工商部门只登记公司认缴的注册资本总额,无须登记实收资本,不再收取验资证明文件。认缴制不需要占用企业资金,可以有效提高资本运营效率,降低企业成本。

注册资本实缴制改为认缴制的优点如下。

1.减少投资项目审批,最大限度地缩小审批、核准、备案范围,切实落实企业和个人投资自主权。对确需审批、核准、备案的项目,要简化程序、限时办结。同时,为避免重复投资和无序竞争,强调要加强土地使用、能源消耗、污染排放等管理,发挥法律法规、发展规划、产业政策的约束和引导作用。

2.减少生产经营活动审批事项,按照行政审批制度改革原则,最大限度地减少对生产经营活动和产品物品的许可,最大限度地减少对各类机构及其活动的认定等非许可审批。

3.减少资质资格许可,对不符合行政许可法规定的,一律予以取消;按规定需要对企业事业单位和个人进行水平评价的,改由有关行业协会、学会具体认定。

4.减少行政事业性收费,取消不合法不合理的行政事业性收费和政府性基金项目,降低收费标准,建立健全政府非税收入管理制度。

此次《公司法》的修改,除将公司注册资本实缴制改为认缴制、取消公司注册资本最低限额外,还放宽了市场主体准入管制。对于充分利用现代公司制度的优势,激励社会投资热情,鼓励创新创业,特别是对促进小微企业、创新型企业成长,以创业带动就业、拉动内需,增强经济发展的内生动力,具有十分重要的意义。

法人企业的主要形式有以下几种,如图 10 - 7 所示。

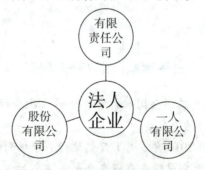

图 10 - 7　法人企业的分类

(1)有限责任公司。

有限责任公司,简称有限公司,中国的有限责任公司是指根据《中华人民共和国公司登记管理条例》规定登记注册,由五十个以下的股东出资设立,每个股东以其所认缴的出资额为限对公司承担有限责任,公司以其全部资产对公司债务承担全部责任的经济组织。有限责任公司包括国有独资公司以及其他有限责任公司。

有限责任公司(有限公司)是我国企业实行公司制最重要的一种组织形式,指根据《中华人民共和国公司登记管理条例》规定登记注册。其优点是设立程序比较简单,不必发布公告,也不必公布账目,尤其是公司的资产负债表一般不予公开,公司内部机构设置灵活。其缺点是由于不能公开发行股票,筹集资金范围和规模一般都比较小,难以适应大规模生产经营活动的需要。因此,有限责任公司(有限公司)这种形式一般适于中小型非股份制公司。

有限责任公司(有限公司)的注册条件和内容,见表 10 – 1。

表 10 – 1　有限公司的注册条件和内容

项目	内　容
业主数量	由两个及以上五十个及以下的股东组成
注册资本	无资本数量限制(有地方规定的例外)
成立条件	1. 股东符合法定人数; 2. 股东出资额达到法定资本最低额; 3. 股东共同制订公司章程; 4. 有公司名称,建立符合有限责任公司要求的组织机构; 5. 有固定的生产经营场所和必要的生产经营条件
经营特征	公司设立股东大会、董事会和监事会并由董事会聘请职业经理人管理公司、经营业务
利润分配/ 债务责任	股东按出资比例分配利润,并以出资为限承担有限责任

(2)股份有限公司。

股份有限公司是指公司资本为股份所组成的公司,股东以其认购的股份为限对公司承担责任的企业法人。

《公司法》规定,设立股份有限公司应当有 2 人以上 200 以下发起人。由于所有股份公司均须是负担有限责任的有限公司(但并非所有有限公司都是股份公司),所以一般合称"股份有限公司"。

股份有限公司的注册条件和内容,见表 10 – 2。

表 10 – 2　股份有限公司的注册条件和内容

项目	内　容
业主数量	股东包括全体企业成员
注册资本	无资本数量限制(有地方规定的例外)
成立条件	无具体规定
经营特征	1. 企业成员入股,一般实行全员入股; 2. 建立资本金制度; 3. 职工既是参股人又是劳动者
利润分配/ 债务责任	股东按出资比例分配利润,并以出资额为限承担有限责任

(3)一人有限责任公司。

一人有限责任公司是指只有一个自然人股东或者一个法人股东的有限责任公

司(《公司法》第57条)。一人有限责任公司简称一人公司或独资公司或独股公司,是指由一名股东(自然人或法人)持有公司的全部出资的有限责任公司。

一人有限责任公司的注册条件和内容,见表10-3。

表10-3　一人有限责任公司的注册条件和内容

项目	内　容
业主数量	只有一个自然人股东或者一个法人股东
注册资本	无资本数量限制(有地方规定的例外)
经营特征	1. 一个自然人只能投资设立一个一人有限责任公司; 2. 一人有限责任公司应当在公司登记中注明自然人投资或者法人投资,并在公司营业执照中载明; 3. 不设股东会。股东做出决定时,应当采用书面形式,并由股东签名后置备于公司
利润分配/债务责任	1. 一人有限责任公司的股东仅以其投资为限对公司债务承担有限责任; 2. 但如果一人有限责任公司的股东不能证明公司财产独立于股东自己的财产的,应当对公司债务承担连带责任

课堂互动

一人有限责任公司的优势和劣势分别有哪些?

3.非法人企业的主要形式

非法人企业的主要形式,如图10-8所示。

图10-8　非法人企业的分类

(1)个体工商户。

个体工商户是指在法律允许的范围内,依法经核准登记,从事工商经营活动的自然人或者家庭。单个自然人申请个体经营,应当是16周岁以上有劳动能力的自然人。家庭申请个体经营,作为户主的个人应该有经营能力,其他家庭成员不一定都有经营能力。个体工商户享有合法财产权,包括对自己所有的合法财产享有占有、使用、收益和处分的权利,以及依据法律和合同享有各种债权。

个体工商户注册的项目和内容,见表10-4。

表10-4　个体工商户注册的项目和内容

项目	内　容
业主数量	业主是一个人或一个家庭
注册资本	无资本数量限制
成立条件	1.有相应的经营资金和经营场所即可; 2.可以起字号
经营特征	资产属私人所有,可以雇帮手或徒工(不超过8人),业主本人既是所有者,又是劳动者和管理者
利润分配/债务责任	1.利润归个人或家庭所有; 2.由个人经营的,以其个人资产对企业债务承担无限责任; 3.由家庭经营的,以家庭财产承担无限责任

课堂互动

1.请举例说明哪些类型的企业属于个体工商户。

2.下列想法正确吗?

(1)"自然人"就是一个人。

(2)任何自然人都可以申请"个体工商户"。

(3)只要租个房子就能营业了。

(4)我要卖……地沟油!

(2)合伙企业。

合伙企业是指由各合伙人订立合伙协议,共同出资,共同经营,共享收益,共担风险,并对企业债务承担无限连带责任的营利性组织;也是指自然人、法人和其他组织依照《中华人民共和国合伙企业法》在中国境内设立的,由两个或两个以上的自然人通过订立合伙协议,共同出资经营、共负盈亏、共担风险的企业组织形式。

合伙企业一般无法人资格,不缴纳企业所得税,缴纳个人所得税。类型有普通合伙企业和有限合伙企业。其中,普通合伙企业又包含特殊的普通合伙企业。

国有独资公司、国有企业、上市公司以及公益性事业单位、社会团体不得成为普通合伙人。

合伙企业可以由部分合伙人经营,其他合伙人仅出资并共负盈亏;也可以由所有合伙人共同经营。

合伙企业注册的项目和内容,见表10-5。

表 10 – 5　合伙企业注册的项目和内容

项目	内容
业主数量	业主两个人以上
注册资本	无资本数量限制
成立条件	1.有两个及以上合伙人，并且都依法承担无限责任； 2.有书面合伙协议； 3.有合伙人的实际出资； 4.有合伙企业的名称； 5.有经营场所和从事合伙经营的必要条件
经营特征	依照合伙协议共同出资、合伙经营、共享收益、共担风险
利润分配/债务责任	合伙人按照合伙协议分配利润，并共同对企业债务承担无限连带责任。

课堂互动

1. 合伙企业的优势和劣势分别有哪些？
2. 创业者应该如何选择创业合作伙伴？

（3）个人独资企业。

独资企业是指一人投资经营的企业。独资企业投资者对企业债务负无限责任。企业负责人是投资者本人。企业负责人姓名须与身份证相符，不得使用别名。按照我国现行税法有关规定，私营独资企业取得的生产经营所得和其他所得，应按规定缴纳私营个人所得税。

个体独资企业的注册条件和内容，见表 10 – 6。

表 10 – 6　个人独资企业的注册条件和内容

项目	内容
业主数量	业主是一个人
注册资本	无资本数量限制
成立条件	1.投资人是一个自然人； 2.有合法的企业名称； 3.有投资人申报的出资； 4.有固定的生产经营场所和必要的生产经营条件； 5.有必要的从业人员
经营特征	财产为投资人个人所有，业主既是投资者，又是经营管理者
利润分配/债务责任	1.利润归个人所有； 2.投资人以其个人资产对企业债务承担无限责任

问题：非法人企业可以称为"公司"吗？

阐释：根据《公司法》对公司的界定，我国法律管辖范围内，所认定的公司是指依照《公司法》在中国境内设立的有限责任公司和股份有限公司。而非法人企业，比如个体工商户、合伙企业、个人独资企业在其名称中使用"公司"字眼，不受法律保护。

更多学习，可参照《中华人民共和国个人独资企业法》《中华人民共和国公司登记管理条例》。

注册资金认缴制的潜在风险

注册资本取消实收，大家都欢呼叫好，认为可以给企业减负，促进创业。但实际上，创业者潜在的风险比以前大了。

注册资金认缴制下，有些创业者为了显示公司规模，把认缴注册资本报得很高，而实际出资却不到位，其实会给自己带来一些潜在的风险。

在注册资本实收的时代，企业如果欠了债，就把公司的账面摊开，账上还有多少钱，能赔就赔，赔不了就算。例如，某家公司注册资本 100 万，欠了你 80 万要赔。但公司的账面显示亏损 20 万，库存 40 万，应收账款 40 万。应收账款转给你，你负责去催收，收到了是你的，收不到也没办法；库存折价处理得了 20 万，你只能拿到 20 万的现钱，多了也没有了。除非你能证明该公司股东是恶意抽逃了注册资本，否则股东的个人资产不会受到影响。

例如，有些人出于好心，让朋友在自己的地址上挂靠注册了公司，并名义上占了一些股份。但如果这些股份的注册资本没有实收，且公司出现了债务危机时，这个人就要在自己认缴的资金范围内承担公司债务。

企业形成债务，有主观原因和客观原因。主观原因是拖欠供货商的货款等。客观原因是一些不可抗因素；如因过失给别人带来巨大损失；如企业没有给员工买社保，员工索赔，或员工出了工伤索赔。风险无处不在，提前预防会更好。

（资料来源：梁茵棋，http://blog.sina.com.cn/s/blog_4e2796210102uxdi.html，有删减）

10.2　建立【为什么】的价值观

——创办企业选择合适的企业法律形态至关重要。

1. 对比各种企业法律形态的优劣

准备开办企业时,创业者要选择合适的企业法律形态。企业法律形态不同,企业的法律地位和投资人的风险责任范围也不同。我国小微企业最常见的法律形态主要有个体工商户、合伙企业、个人独资企业和有限责任公司等四种。

(1)个体工商户。

除国家机关干部、国家公务员、企事业单位职工以外的个人或家庭,都可以申请成为个体工商户。从某种意义上说,个体工商户就是经过工商注册的自由职业者。

个体工商户主要以商铺门店作为经营场所,通过零售商品和提供民生服务获得收入。一个注册个体工商户,背后至少有一个个体工商户主。有的个体工商户生意兴隆,在雇工人数和年营业额数量上基本达到小型企业的规模,但只要没有注册公司,在统计意义上就依然是个体工商户。在一些专业市场,如服饰市场、建材市场、家具市场、水产市场、茶叶市场中,经营规模大、实力雄厚的个体工商户虽然早已实现"前店后厂",但因为有一个在专业市场的商铺,仍可继续享受国家给予个体工商户的优惠政策。在我国,平均个体工商户的注册资金为3.53万元,每个体工商户除户主本人外,为社会创造了1.02个就业机会。

(2)合伙企业。

合伙企业主要有两种形式:一般合伙人企业和有限合伙人企业。这两种类型企业的区别在于合伙人承担的责任不同。

一般合伙人企业是指所有的合伙人对企业经营承担共同的无限连带责任,即所有合伙人都有权参与企业决策,管理企业运作;当企业经营不善导致破产亏损时,每个合伙人都承担共同的无限连带责任。企业的债权人可以起诉任何一个合伙人,要求任何一个合伙人全额赔偿企业债务。合伙人之间可以内部规定各自承担债务的比例,但对外,即对企业的债权人而言,每一个合伙人都有承担赔偿全部企业债务的责任。

有限合伙制企业是指企业的部分合伙人对企业的债务偿付以自己在企业的股份为限。这种只以自己出资额作为赔偿亏损的合伙人叫作有限合伙人。有限合伙人一般不能参与企业的日常管理,他们一般只是出资后依据自己的出资比例从企业经营利润中获得自己的份额。

与个人独资企业相比,合伙企业的资金来源较广,信用度也大有提高,因而容易筹措资金,如从银行获得贷款,从供货商那里赊购产品;合伙人集思广益,可以增强决策能力和经营管理水平,提高企业的市场竞争力。不过合伙企业也有劣势,首先是合伙人需要承担无限连带责任,使其家庭财产具有经营风险,因此合伙关系必须要以相互之间的信任为基础;其次是企业的存亡因素过于集中,如果合伙人产生意见分歧,互不信任,就会影响企业的有效经营;再次,产权不易流动,根据法律规定,合伙人不能自由转让自己所拥有的财产份额,产权转让必须经过全体合伙人同意,并且接受转让的人也要经过所有合伙人的同意,才能购买产权,成为新的合伙人。

（3）个人独资企业。

个人独资企业也称个人业主制企业,是一种相对简单的企业法律形式。这种企业没有独立的法律地位,它和所有者合为一体。企业不必单独向政府缴税,企业经营利润也全部由个人所有,由该所有者向政府缴纳个人所得税。

个人独资企业往往规模较小,在小型加工、零售商业、服务业领域较为活跃。个人独资的优势首先表现在企业在经营上的制约因素少,开设、转让与关闭等,一般仅需向工商部门登记即可,手续简单。企业主在决定如何管理方面有很大自由,经营方式灵活多样,处理问题简便、迅速。由于是个人独资,有关企业销售数量、利润、生产工艺、财务状况等均可保密,这无疑有助于企业在竞争中保持优势。并且与法人企业不同,个人独资企业只需缴纳个人所得税,不需双重课税,税后利润归个人所有,不需要和别人分摊。

个人独资企业对投资者而言,在经营企业中获得的不仅仅是利润,还有个人成就感,这是个人独资企业特有的优势。然而,个人独资企业也存在无法回避的劣势,主要是由个人承担无限财产责任。当企业资产不足以清偿企业债务时,法律规定企业主不能以投资企业的财产为限,而要用企业主个人的其他财产来清偿债务。也就是说,一旦经营失败,企业主就有可能倾家荡产。

创业者在创业初期可以选择个人独资企业,但等企业发展到一定程度时,就应考虑转向其他法律形态的企业,如引进合伙人或者成立有限责任公司等,从而确保企业快速成长。

（4）有限责任公司。

有限责任公司不能公开募集股份、发行股票。由于有限责任公司是以出资人的出资额为限承担公司的经营风险,这就促使投资人敢于分散投资,通过优化投资组合取得最佳的投资回报;就公司的角度而言,也可以吸纳多个投资人,促进资本的有效集中,并且产权主体多元化,必然促使公司形成有效的公司治理结构。有限责任公司由股东会选举和更换董事,由董事会聘任或解聘公司经理,公司财产所有权与经营权分离,有利于公司经营稳定和扩张。

有限责任公司最大的好处在于投资人的风险有限,即投资人是以自己的出资额承担风险,无论公司的亏损有多大,投资人只以出资额赔偿,公司之外的个人财产不受任何影响,这就降低了创业者的风险。采用公司制的法律形态有利于企业的长远发展。

我国法律对公司制企业管理较严,尤其是对股份有限公司管理更严。所以,创业者选择有限责任公司的法律形态相对而言较为容易操作和控制。

2. 选择合适的企业法律形态

创业者成立企业时,需要结合自己的偏好、中长期需求、税收环境等,分析企业每种法律形态的特点,确认最符合企业发展需求的法律形态。其中,创业者必须要考虑的重要因素如下。

（1）创业资金的多少和资产保护，即如果企业失败，企业结构将决定个人资产（如家庭收入）的风险有多大。

（2）准备创办的企业规模、企业的义务和应承担的责任，即企业参与者个人对企业承担的责任范围。

（3）创业者的价值观念、资金分配。不同的企业形态决定了不同的资金分配方式，如营业利润、资本收益、税务减免等。

（4）财务管理。随着企业的发展，创业者可能需要筹集更多的资金，为此在选择企业法律形态时需要考虑未来是否容易筹集资金。

（5）行业类型、发展前景和税收政策。选择不同的企业法律形态意味着企业上缴的税率不同。

（6）企业环境和可充分利用的政策优势，包括给企业造成市场机会或环境威胁的主要社会力量。

（7）业主或投资者的数量，以及个人关系。不同企业法律形态对参与者的所有权、管理权和风险承担能力都有规定，以确保企业能良性运转。

企业法律形态是由法律规定的企业形态，设立企业只能选择法律规定的企业组织形式，不能随心所欲任意塑造。但企业的法律形态不是一成不变的，企业组织形式可以根据企业发展需要，在经营过程中择时变更。

课堂互动

从有限责任公司到个体工商户

2012 年，毕业于生物技术专业的赖某某同学决定以自己在大学创业实践中积累的资金和经验，与同学合伙创业。

赖某某大学期间参加创业大赛，荣获过大赛冠军，并获得东莞××集团200万元的风险投资。考虑到投资方在东莞的资源优势，赖某某决定在东莞开始自己的第一次创业。

创业团队原计划注册成立"×××餐饮管理有限责任公司"，注册资本300万元。不过，最终，赖某某同学采纳了投资方财务顾问给出的方案，以个体工商户的形式开设了自己个体店。

（资料来源：《广东省大学生创业案例汇编》（内部出版物））

思考并讨论：

具备什么条件时，赖某某的企业可以考虑变更企业法律形态？

选择企业法律形态时，既要考虑企业规模、业务特点，也要考虑创业者的价值观念。

大学生团队在创业时首先应该考虑如何将有限的资源用到最需要的地方，而不是将重点放在公司的做大做强上。

有限责任公司需要缴纳企业所得税、个人所得税,在公司有债务时,股东只根据各自的投资额承担有限责任。例如,公司破产,债权人不能剥夺股东的私有财产,如房产、汽车和存款等。同时,有限责任公司有注册资金认缴的要求。而个体工商户和合伙企业对注册资金没有限定,只需缴纳个人所得税。

企业初创资金有限,且多是通过家庭筹措、贷款和风投等方式筹集来的,自身没有什么财产积累,可以考虑设立个体工商户,承担无限责任,获得更多政策优惠。等企业有了一定发展,有新投资者加盟时,可变更为合伙企业,仍然承担无限连带责任。当企业进一步发展壮大,资产和风险不断增加,开始有保护所有者个人财产的需要时,可变更为有限责任公司。如果企业继续发展壮大,还可以发展重组,设立股份有限公司,创业团队部分成员可以不再参与公司的经营,但可以控制公司运作。就像前面提到的,赖某某创业团队为了节约资金、获得更多政策优惠,按专家建议,先设立个体工商户,承担无限连带责任,等企业发展壮大后,再变更企业法律形态设立公司,投资人各自承担有限责任,是一种可行的操作办法。

10.3　建立【怎么做】的方法论

——掌握申办企业的具体流程。

——规划企业管理,实现企业成长。

1. 个体工商注册流程

办理个体工商注册,一般要经过以下步骤。

(1)咨询、领取并填写"名称(变更)预先核准申请书",同时准备相关材料;香港、澳门永久性居民中的中国公民设立个体工商户的,应提交身份证件及身份核证文件。

(2)递交"名称(变更)预先核准申请书",等待名称核准结果。

(3)领取"企业名称预先核准通知书",同时领取"个体工商户开业登记申请书",经营范围涉及前置许可的(具体项目参见工商行政管理局印制的"企业登记前置许可项目目录"),办理相关审批手续。

(4)递交申请材料,材料齐全,符合法定形式的,等候领取《准予设立登记通知书》。

(5)领取"准予设立登记通知书",按照"准予设立登记通知书"确定的日期到工商局交费并领取营业执照。

(6)办理税务登记。

2. 合伙企业注册登记事项

设立合伙企业,应当具备合伙企业法规定的条件。合伙企业的登记事项应当包括：

(1)名称；

(2)主要经营场所；

(3)执行事务合伙人；

(4)经营范围；

(5)合伙企业类型；

(6)合伙人姓名或者名称及住所、承担责任方式、认缴或者实际缴付的出资数额、缴付期限、出资方式和评估方式。合伙协议约定合伙期限的，登记事项还应当包括合伙期限。执行事务合伙人是法人或者其他组织的，登记事项还应当包括法人或者其他组织委派的代表（简称委派代表）。

3. 公司类企业注册流程

公司类企业注册流程为：办理企业名称核准→确定公司住所→形成公司章程→（前置审批）→申领营业执照→刻章备案→银行开设企业基本账户→办理税种登记和税种核定→进行社会保险登记→进行商标注册。其具体流程说明如下。

(1)办理企业名称核准。

①咨询后领取并填写"名称（变更）预先核准申请书"和"投资人授权委托意见"，同时准备相关材料。

②递交"名称（变更）预先核准申请书"、投资人身份证、备用名称若干及相关材料，等待名称核准结果。

③领取"企业名称预先核准通知书"。

公司名称命名常识

公司名称形式：行政区划＋字号＋行业＋组织形式，如广东步步高电子工业有限公司。

行政区划可以是省也可以是市，对公司税务等方面没有太多影响。公司字号是注册公司名称查询中的重点，基本原则是本地区、本行业（近似行业）不能重复，特指文字和读音不能重复，例如在餐饮行业中，已经有"真功夫"，就不能出现"真工夫"等字样。同时，字号也不得触犯驰名商标、保护字号等。公司名称中的行业描述，可以体现经营范围或核心业务，不能超越公司主营业务范围。公司类型一般分为有限责任公司和股份有限公司。

(2)确定公司住所。

租用办公场地需要签订租赁合同，并且一般要求使用工商局的统一制式租房协议。房屋提供者应根据房屋权属情况，分别出具以下证明。

①房屋提供者如有房产证,应另附房产证复印件,并在复印件上加盖产权单位公章或由产权人签字。

②无产权证的,由产权单位的上级或房产证发放单位在"需要证明情况"栏内说明情况并盖章确认;地处农村地区的,也可由当地政府在"需要证明情况"栏内签署同意在该地点从事经营的意见,并加盖公章。

③产权为军队房产,应提交加盖中国人民解放军房地产管理局专用章的"军队房地产租赁许可证"复印件。

④房屋为新购置的商品房又未办理产权登记的,应提交由购房人签字或购房单位盖章的购房合同复印件及加盖房地产开发商公章的预售房许可证、房屋竣工验收证明的复印件。

⑤房屋提供者为经工商行政管理机关核准具有出租经营权的企业,可直接在"房屋提供者证明"栏内加盖公章,同时出具加盖本企业公章的营业执照复印件,不再要求提供产权证。

⑥将住宅改变为经营性用房的,属城镇房屋的,还应提交"登记附表——住所(经营场所)登记表"及所在地居民委员会(或业主委员会)出具的有利害关系的业主同意将住宅改变为经营性用房的证明文件;属非城镇房屋的,提交当地政府规定的相关证明。

(3)形成公司章程。

在工商局网站下载"公司章程"的样本,根据实际情况制订本公司的章程,章程的最后由所有股东集体签名,并署名日期。

(4)前置审批。

如经营范围中有特殊经营许可项目,还需相关部门报审盖章,办理特种行业许可证,根据行业情况及相应部门规定不同,分为前置审批和后置审批(特种许可项目还涉及卫防、消防、治安、环保、科委等有关部门)。

(5)申领营业执照。

工商行政管理局对企业提交材料进行审查,确定符合企业登记申请,经工商局核定,发放工商企业营业执照,并公告企业成立。

(6)备案刻章。

凭营业执照,到公安局指定的刻章社刻公章、合同章、财务章。在后面的过程中,需要使用到公章或财务章。

(7)开设企业基本账户。

基本账户是指存款人办理日常转账结算和现金收付而开立的银行结算账户。企业经营活动的日常资金收付以及工资、奖金和现金的支取均可通过该账户办理,存款人只能在银行开立一个基本存款账户。开立的基本存款账户是开立其他银行结算账户的前提。企业开立的基本账户的名称,应按照营业执照上的单位名称设置,具体可在企业属地任一家具有对公业务的银行金融网点开立。

在开设企业基本账户环节,如需将验资存款账户直接转为基本存款账户,企业应提供如下相关资料。

①开户证明。即验资时,由银行支行出具的验资用"银行询证函"或"存款证明"等文件。

②企业的营业执照正本原件及复印件。

③法人代表身份证原件及复印件。

④一套企业的印鉴卡(一式三份,由银行提供)。另外,预留的印鉴可以是公章(或财务专用章)加上私章(或签名)。私章主要是企业法人代表的章或出纳人员的章。

⑤开立单位银行结算账户的申请书(一式三份,需加盖企业公章、法人签名)。

⑥法人(或负责人)授权委托证明书一份、代理人身份证复印件等。

⑦银行需提供的其他资料。

(8)办理税种核定和申请领购发票

①法人代表和财务到税务专管员处报到,根据企业实际经营范围办理税种核定,即确定企业是一般纳税人或小规模纳税人。

②从事服务行业的申请服务业统一发票,从事商业批发零售的申请商业统一发票。营改增试点地区一般纳税人从事增值税应税行为(提供货物运输服务除外)统一使用增值税专用发票和增值税普通发票。试点地区小规模纳税人从事增值税应税行为统一使用普通发票。

③从事特种行业的需要申请专用发票,如广告行业申请广告业专用发票,从事运输行业的申请货物运输统一发票等。

④公司自领取税务登记证的次月1～15日须进行纳税申报,领取报表正常申报并缴纳税款。

企业基本税费

根据中国税法的规定,所有企业都要依法报税纳税,主要税种如下。

1.印花税:印花税是对经济活动和经济交往中书立、领受具有法律效力的凭证的行为所征收的一种税,因采用在应税凭证上粘贴印花税票作为完税标志而得名。其税率从0.3‰到0.5‰不等。

2.房产税:只要是经营用房屋都要交纳房产税,用自家的房子做生意也要交房产税。房产税有"房产原值×70%×1.2%"和"租金×12%"两种。

3.增值税:增值税税率就是增值税税额占货物或应税劳务销售额的比率,是计算货物或应税劳务增值税税额的尺度。我国现行增值税属于比例税率,根据应税行为一共分为13%、9%、6%三档税率及5%、3%两档征收率。

4. 企业所得税:只有公司才需要缴纳企业所得税。个体工商户、个人独资企业和合伙企业不需要缴纳企业所得税。现行企业所得税税率是 25%。

5. 城市维护建设税:以实际缴纳的增值税、消费税、营业税为基础按照法定比例缴纳,市区 7%、县城和镇 5%、其他地区 1%。

6. 城镇土地使用税:按实际占用的土地面积缴纳(各地规定不一,××元/平方米)。

7. 车船税:在我国境内拥有并使用车船的单位和个人都要缴纳车船税。车船税各地规定不一,不同车型税额不同。

8. 发放工资代扣代缴个人所得税。

9. 教育费附加:以实际缴纳的增值税、消费税、营业税为基础按照 3% 缴纳。

10. 防洪堤围费:按计征营业税的应纳税营业(销售)额×适用征收率缴纳。

11. 文化事业建设费:针对营改增的广告业、娱乐业纳税人征收,按申报增值税收入额×3% 缴纳。

12. 地方教育费附加:按缴纳的增值税的 2% 缴纳。

(9)进行社会保险登记。

社会保险登记是社会保险费征缴的前提和基础,也是整个社会保险制度得以建立的基础。县级以上劳动保障行政部的社会保险经办机构主管社会保险登记。

在进行社会保险登记环节,缴费单位申请办理社会保险登记时,应填报"社会保险登记表",并出示以下证件和材料:

①企业持"企业法人营业执照"(副本);

②事业单位持"事业单位法人证"(副本);

③社会团体持"社会团体法人登记证"(副本);

④国家机关持单位行政介绍信;

⑤其他核准执业的证件。

(10)进行商标注册。

商标注册,是指商标使用人将其使用的商标依照法律规定的条件和程序,向国家商标主管机关(国家工商行政管理总局商标局)提出注册申请,经国家商标主管机关依法审查,准予注册登记的法律事实。商标通常由文字、图形、英文、数字的组合构成。商标注册的一般程序是:商标查询(2 天内)→申请文件准备(3 天内)→提交申请(2 天内)→缴纳商标注册费用→商标形式审查(1 个月)→下发商标受理通知书→商标实质审查(12 个月)→商标公告(3 个月)→颁发商标证书。

随堂练习

创办创业企业

请和小组成员共同商议,并列出步骤,探讨如何给创业项目申办企业、命名并最终获得登记领取营业执照。

4.规划企业管理,实现企业成长

(1)确立企业的愿景、使命和核心价值观。

企业的愿景、使命和核心价值观是引领企业发展的灵魂,虽然无形,但却渗透在企业发展的方方面面,是企业长期发展的方向、目标、目的和自我设定的社会责任与义务等。它描述了企业在未来社会里会是什么样子。

多数快速成长的企业都有比较固定的价值观体系,用以支持企业的健康发展。例如:联想集团的愿景是"未来的联想应该是高科技的联想、服务的联想、国际化的联想";公司使命是"为客户利益而努力创新";公司价值观是"成就客户——致力于客户的满意与成功;创业创新——追求速度和效率,专注于对客户和公司有影响的创新;精准求实——基于事实的决策与业务管理;诚信正直——建立信任与负责任的人际关系"。

对新企业而言,其企业价值观一般是创业团队,尤其是创业领导人自身价值取向的体现,这种价值取向直接而又深远地影响着企业成长和发展。有共同愿景、明确使命和核心价值观的企业,在成长过程中哪怕遇到挫折,创业团队也能够团结一致,患难与共,求新求变;相反,没有原景、使命和核心价值观的企业,遭受挫折打击就会涣散、消沉,直至分崩离析。因此,在新企业成长过程中,创业者必须适时地提出一套能够凝聚人心的愿景、使命和核心价值观,从而在成长中凝心聚力,形成强大的组织力量。

智慧链接

谈谈 Facebook 的新兵训练营

新兵训练营是企业培养生力军的重要基地,是帮助新员工熟悉工作环境的机制。各种形式的培训帮助新员工快速融入企业组织。Facebook 的新兵训练营以严格著称,它不仅是一个培养和训练人的地方,同时也是生产真正符合组织文化的员工的工厂。无论是组织方式、强制手段,还是导师机制,Facebook 的新兵训练营都有不少值得借鉴的地方。

每个企业管理者都希望自己的组织是一个有"文化"的组织,并且愿意花相当多的精力在自己的组织中"打造"企业文化。Facebook 的"文化从新员工抓起"确实是个值得效仿的方式。

可是,设立一个新兵训练营,设计一套课程,派培训师上去喊喊口号就能够让团队的新成员变成"符合组织文化"的个体?显然没有那么简单。

文化并不是虚无缥缈的口号,组织的工作方式、工具、流程、奖励机制等才是实打实的企业文化的体现。一个为经理安排单独办公室,并根据级别设置办公室大小的公司,就算找来全世界最好的培训师,恐怕也没办法说服新员工相信"平等尊重"是公司的文化。

因此,要效仿新兵训练营,首先得理解 Facebook 的新兵训练营是它的文化体系中的一个组成部分,并非是文化的生产者。与其花大代价去折腾新兵训练营,不如老老实实把自己团队内的文化根基建设好。说白了,新兵训练营值得借鉴的是它的理念和实践,而不是期望它成为组织内的洗脑机器。

(资料来源:http://www.cyzone.cn/a/20131231/248210.html,有删减)

(2)管理好支撑企业持续成长的人力资源。

人才是支撑企业成长的关键要素,是企业的核心资产。快速成长企业的一个共同特点就是有强有力的人力资源管理。在某种意义上,技术可以模仿,商业模式可以模仿,唯有人才队伍无法模仿。快速成长的新企业要打造一支优秀的人才队伍,其具体措施主要有以下几点。

①提供有竞争力的薪资待遇。

初创企业要吸引优秀人才的加盟,所提供的薪酬待遇在人力资源市场上一定要有竞争力,同时在企业内部要有相对的公平性。这包括提供较好的工资收入和跟绩效挂钩的奖金,以及医疗保险、养老保险、工伤保险、失业保险、生育保险、住房公积金等"五险一金",为员工解除后顾之忧。

②提供广阔的成长空间。

员工的成长机会和成长空间包括:晋升空间、学习与培训机会、持续的工作指导和工作支持、工作内容丰富化、管理技能的发展和提升等。

不同的员工,其需要的成长机会是有差异的,要因人而异。

③实施经营成果分享计划。

初创企业的薪酬水平,很难比得上大企业。更对不利的是,初创企业有失败、被兼并和收购的危险,稳定性和安定感较差。事实上,初创企业的员工总是承担着公司的一部分经营风险,一旦企业倒闭,他们的生活也就没有了保障。所以,只有让员工分享企业的成功才是公平的办法。一些优秀的初创企业实施利润分享计划,通过员工持股、股票期权、虚拟股份制等方式让员工参与经营成果分享就是很好的办法。

④营造良好的工作环境。

良好的工作环境不仅包括提供开展工作所需的各种必要资源,如办公空间、办公设备等,更重要的是指营造良好的人文环境,如和谐的同事关系、顺畅的沟通渠道与沟通氛围、积极向上的企业文化等。

(3)注重资源整合和资源管理。

由于初创企业的人力、财力、物力资源相对匮乏,仅仅通过自身的滚动发展往往速度缓慢,所以借助别人(包括合作伙伴、金融机构、政府部门、社会团体,甚至竞争对手)的力量来发展壮大自己便显得更加重要。快速成长企业常采用的外部成长策略包括:建立战略联盟、成立合资公司、兼并和收购、引入创业投资、IPO(Initial

Public Offering，首次公开募股）上市融资等。

初创企业的成长是靠资源积累实现的，但如果积累的资源没有被企业有效利用，而是被企业中的个人（不管是创业者、高层管理人员，还是一般员工）占有，必将威胁企业的成长。这些未被有效利用的资源包括一般的财务资源、客户资源、固定资产和办公设备资源，还包括人力资源。例如，创业初期，有些员工在企业中担任重要的研发、市场或管理工作，掌握关键的技术诀窍，拥有较高的人力资本，却没有被企业重视和充分利用。当这些员工发现和识别创业机会，离开企业独立创业时，不仅会造成企业技术资源、客户资源的外流，往往还带走一批骨干员工，对企业危害极大。

企业在成长的过程中，创造和积累的资源越来越多时，创业管理团队的关注重点就需要从创造、积累资源，转向管理、整合已经创造出来的资源；从注重"资源的开创"到注重"资源的有效开发利用"，并通过现有的资源创造出最大的价值增值。例如，IPO虽然可以为企业募集大量的资金，迅速壮大企业的规模，提高企业知名度，增强市场影响力，但如果企业不能很好地利用所获得的资源，为投资者创造价值，最终还是会走向失败。

如何脱离现金流濒临断裂的险境

公司成长的过程也是大量消耗现金的过程。现金对公司的发展至关重要，所以公司领导者必须每天关注现金流情况。这要求公司 CFO 或会计员每天早上汇报公司银行账户中的现金，同时简要解释过去 24 小时现金的流入流出情况，以及未来 24 小时的现金流入流出预测。网上银行可以让现金流管理更加容易。如果不关注每天的应收账款和应付账款，麻烦很快就会找上门。相比研究损益表，日常现金流报告可以更全面地了解公司的业务状况。

任何行业的形势均可能发生突变，因此建立强大的现金储备应该是第一要务。吉姆·柯林斯《选择成就卓越》（*Great By Choice*）一书中关键的一条经验是，最成功的公司之所以能渡过难关，原因就在于它们的现金资产比率和现金债务比率往往是竞争对手的 3~10 倍。

微软公司（Microsoft）发展初期，比尔·盖茨认定，公司银行账户中的资金规模应该足够在没有收入的情况下让公司能够继续维持一年的运转。Verne Harnish 在自己的公司也采取了类似的做法。

"9·11"事件之后，Verne Harnish 的公司在一夜之间损失了一大笔收入。Verne Harnish 请求 17 家最好的客户预先向 Verne Harnish 支付当年的相关款项，他们都表示同意。而作为回报,Verne Harnish 在当年为他们提供一个固定不变的价格。要求客户预付款听起来有些疯狂,但成功的创业者之所以成功,正是因为他们愿意提出其他人不会提出的要求。

收到 17 位客户预先支付的款项后,Verne Harnish 将足以承担公司全年开支的现金存入银行,一直保持至今,这样 Verne Harnish 便可以更加安心。没有什么能比现金不足能更快地让一名创业者变得苍老。

此外,Verne Harnish 还密切关注公司产品的价格。当意识到定价后,把价格提高了 25%,公司的毛利润由此增加了 13 个百分点。提高价格可以抵销为 17 家客户提供折扣的成本。价格上涨并没有让客户望而却步,而更健康的毛利润也推动了公司的发展。当然,如果要提高价格,前提是必须尽职尽责,为客户提供他们不可或缺的产品或服务。

(资料来源:http://www. fortunechina. com/management/c/2013 - 12/25/content _188759. htm,有删减)

(4)用成长的方式解决成长过程中的问题。

每个企业在成长过程中都会遇到各种各样的问题和障碍,有的企业在阻碍面前止步不前,甚至一蹶不振;有的企业则将阻碍变成动力,适时变革、积极应对,实现了新的成长。优秀企业和平庸企业的重要区别之一在于其对待阻碍所采取的对策。平庸的企业通常采取的是被动应对,用"救火式"的方法来应对发生的各种问题,结果只是问题的暂时解决;优秀的企业则积极主动地推动变革和创新,用成长的方式解决成长过程中遇到的问题。

用成长的方式解决成长过程中出现的问题,其本质是推动并领导变革与创新。从快速成长企业的经验看,往往在以下几个方面表现突出。

①在成长阶段主动变革。

主动变革意味着创业管理团队掌握变革的主动性和主导权,承受的变革成本较低,面临的变革阻力也较小。

②善于把握变革的切入点。

企业变革不能一下子全面推开,需要科学地把握切入点,由点到面,层层深入。这不仅可以在短期内取得较好的效果,也能够增强对变革的控制性。

③善于通过系统的建设和制度的完善,来巩固变革成果。

持续的创新与变革是新企业成长的强大驱动力,也是企业快速成长的基本生存方式。但如果不注意管理,变革的动力会随着时间的推移而慢慢减弱,乃至消亡。许多初创企业之所以无法快速成长,甚至无法生存发展,其根本原因就在于创业者创业精神退化、不思进取、小富即安,从而使自己的企业变为"老小树"——多年过去,企业的业务和规模仍原地踏步,就像贫瘠荒坡上的一棵陈年小树,任时间推移,怎么也长不大,最后慢慢变老,直至枯朽。

对追求成长的初创企业而言,创业管理团队务必要通过变革和创新精神的保持和发扬,源源不断地给企业成长注入创新与变革的基因,使其不因企业的成长而减弱,而是不断地迎接挑战,进行二次创业、三次创业甚至多次创业。

毁掉企业和员工的五大杀手

在动荡时代,应付外部问题已经很困难了。而人们和企业往往会因为自身的行动,让问题更加恶化。自我挫败行为可能会使情况雪上加霜。以下五种行为一定不能做。

1. 要求在越来越小的饼中分到较大的份额

在别人受苦时为自己谋利,就是自我挫败。例如,在失业率居高不下、消费者购买力下降时,企业却将商品价格提高,以确保销售下滑时仍能获利。2012 年初,麦当劳产品提价 3%,导致第三季时便面临同店销售额九年来首次下降。结果负责该战略的高阶主管被更换。

又如,某零售公司的一位经理人在经济衰退期间要求升官,因为他认为自己是"不可取代的",结果 CEO 将其解雇。同时,这位 CEO 自降薪水以保障员工的收入。

2. 生气动怒

愤怒和责怪是徒然无益的情绪。在美国总统大选过后,落败的米特·罗姆尼(Mitt Romney)公开发表刻薄和侮蔑的言论,将败选归咎于替奥巴马总统"买下"年轻人、妇女、非洲裔和拉丁裔美国人选票的"礼物"。败选固然是一大挫败,但米特·罗姆尼的言行使未来的选举希望进一步破灭。愤怒的言词会造成长尾效应。历史可能只记得他刻薄的言词,而不记得他优雅的败选声明。

愤怒也会危害企业,特别是不合时宜时。2010 年 4 月,墨西哥湾石油平台发生悲剧性的爆炸事件,造成 11 人丧生。数年之后,英国石油公司(BP)因为空前的罚款和刑事罪名而重新成为新闻焦点。前 CEO 托尼·海沃德(Tony Hayward)发表尖刻的声明,指出这件事如何不公,造成自我挫败,并极大地破坏了公司在大众心中的形象。

3. 屈服于任务偏离

这种自我衰落迟早会发生,这是因为企业觉得自己持有的核心实力没有多特别,同时又觉得"别人家的草总是比较绿"。例如,Google 应该将企业版图扩展到装置制造商和通信网络供应商,建立光纤、移动网络,研发无人驾驶车吗? 这可能是任务偏离(mission creep)。或许 Google 应该把焦点集中在改进 Google 功能上。

本身拥有许多价值,却试着去做非本业的事情,可能会弄巧成拙。对专业人士而言,这可能表示涉足新领域,但在为自己打响名号的既有领域上却未能与时俱进,取得最新知识。这种人可能会卡在中间,进退维谷——在新领域中竞争还不成气候,在原有的领域中又丧失优势。

4. 一味扩张,不思精简

自我挫败的一个相关形式是允许自我膨胀。东西只进不出,会使衣橱凌乱不堪、官僚体系扩充、工作量失控暴增、国家预算陷入赤字、人们变得痴肥。每增加一个项目,就需删减或整合某些项目,这需要规则,而实际情况是公司往往缺少了该规则。

某科技公司未整合麾下企业就增加收购数量,造成 17 个研发团队相互冲突,研发水平也在业界敬陪末座,破产接踵而至。栽植花园需要修剪,经营企业若是一味扩张,不思精简,只会造成损害。

5. 以为自己会侥幸得手

不论是做错什么事,包括欺诈、境外腐败行为,在数字化时代都瞒不了一世。这些过失会在某处出现,也许是在例行审查中、不相关的调查中、陌生人拍摄的手机照片中等地方显现。有太多原本很聪明的政界人士、军事将领和 CEO 因未能好好思考,最终危害企业、国家和职涯。

幸好,自我挫败行为有一个治疗方法,那就是克服自己。

谦逊可以预防自我挫败,而服务他人的意愿、强调价值和目的、对长期结果的责任感,以及对优缺点的了解,可以让人更容易避免这些陷阱。

(资料来源:罗莎贝斯·莫斯·坎特《哈佛商业评论》,http://www.wabei.cn/news/201311/1080179.html)

随堂练习

1. 选择一个你比较熟悉的行业,并从中选择两个有代表性的企业作为研究对象。对这两个企业的成长过程进行对比分析,包括其成长背景、成长历程、成长速度、成长战略、成长特点、发展态势等,并从对比分析中获得启示。

2. 选择校园内或学校附近的一个初创企业进行访谈调查,了解该企业的成长过程和该企业的创业管理团队是如何进行成长管理的。同时根据所学的理论知识,为该企业下一步的成长发展提供相关对策及建议,并反馈给受访企业。

称银子

💡 项目导读

　　做创业项目就像盖一座高楼,打地基、建主体、封顶、交钥匙……是工程中的关键节点。对早期的创业项目来说,创业者则要关注什么时候产品能够通过各种测试推向市场,什么时候企业账上开始有收入进来,什么时候企业达到盈亏平衡……

　　当然,盈亏平衡并不是创业者的最终目的。创业者们应该明白,无论你创立什么样的企业,账面收支持平越早越好。一个项目有收入了,说明产品有市场价值;一个企业盈亏持平了,说明它有盈利潜力。只有具有盈利能力的公司,才是真正有价值的公司,创业者才有信心扩大规模、进一步发展。

任务 11　制订利润计划

【思政燃灯】

1. 职业能力。
2. 财务素养。

11.1　建立【是什么】的世界观/人生观

——掌握与创业项目经营相关的资金、利润、价格、收入等概念。

1. 创业项目的启动资金分类

资金是项目运转的保证。创业项目在立项和运营的过程中,需要资金来购买相应的物资和支付一些必要费用,这些为启动项目并使其正常运转需要准备的所有资金就是我们的启动资金。

一般情况下,启动并运营创业项目必须购买的物资和必要的其他开支主要包括:场地费(租赁或购买生产经营场所的费用,场地装修费用);项目筹备期间的各项费用(市场调查费、咨询费、培训费、差旅费等);工资;招待费;办公家具和设备;交通工具;加盟费;专利权使用费;水电费;保险费;广告促销费;机器;原材料;商品库存等。

按照这些支出费用的用途,我们将启动资金分为投资资金和流动资金两大类。

(1)投资资金。

投资指的是特定经济主体为了在未来可预见的时期内获得收益或资金增值,在一定时期内向一定领域投放足够数额的资金或实物的货币等价物的经济行为。创业项目的投资一般可分为固定资产、无形资产、开办费和其他投资四类。

①固定资产。

固定资产是指为生产产品、提供劳务、出租或者经营管理而持有的、使用时间超过 12 个月的、价值达到一定标准的非货币性资产,包括房屋、建筑物、机器、机械、运输工具以及其他与生产经营活动有关的设备、器具、工具等。

②无形资产。

无形资产是指没有实物形态的可辨认非货币性资产。无形资产具有广义和狭义之分,广义的无形资产包括货币资金、金融资产、长期股权投资、专利权、商标权等,因为它们没有物质实体,而是表现为某种法定权利或技术。但是,会计上通常将无形资产作狭义的理解,即将专利权、商标权等称为无形资产。

③开办费。

开办费也叫组建成本,是指为设立公司、企业而发生的成本,包括法律费用、发起人费用以及取得执照的费用。公司会把这些成本借记到一个名为开办费的费用类账户,并且要在这些成本发生时将其确认为费用,因为我们很难确定这些费用什么时候会给公司带来收益,以及它们未来能给公司带来多少收益。

④其他投资。

除上述投资外,项目还可能发生一次性装修费用、转让费等支出。

启动创业项目,必须要准备以上这些投资资金,而这些投资资金要等项目运营产生利润后才能逐步回收。

(2)流动资金。

流动资金是为维持日常运转和正常生产经营活动,用于购买劳动对象(原材料、辅助材料等)、支付员工工资、租金、销售费用以及管理费用等的周转资金。由于业务经营范围以及生产运营周期等的不同,不同的创业项目所需的流动资金是不一样的。必须根据自己项目的业务特点以及生产运营周期等实际情况,预算需要预备多少流动资金才能支撑到获得营业收入。一般来说,创业初期的销售不是很乐观,因此流动资金要计划得更宽裕一些。

以下是一些比较常见的、需要预备流动资金来支付的费用:

(1)购买并储备存货的费用。

存货是为生产或销售耗用而储备的各种货物,主要有原材料、辅助材料、燃料、低值易耗品、修理用备件、包装物、半成品和产成品等。无论是制造型、贸易型还是服务型创业项目,在获得营业收入之前,都需要储备一些供生产、销售或提供服务用的库存。必须预测生产、销售或服务需要多少材料库存,然后计算在获得营业收入之前需要多少用于购买存货的流动资金。

(2)促销费。

在实现产品或服务的销售之前,往往需要对自己的产品或服务进行促销,而组织促销活动是需要流动资金的。

(3)工资。

工资包括从开始雇佣员工到项目达到收支平衡之前的员工工资支出,加上以工资方式支付自己家庭的生活费用等,这些也是需要准备的流动资金。

(4)租金。

如果是购买房屋作为经营场所,那么不需支付租金,购买房屋的支出属于投资范畴。但是如果选择采取租赁经营场所的方式,那么就必须要预算从经营场所租赁起始日到项目达到收支平衡之前的租金总额。另外,考虑到很多时候租金是需要半年或一年一付的,可能需要为此准备的流动资金会更多。

（5）保险费。

创业项目一开始运转，就要选择必要的保险并支付保险费用，这也需要从流动资金中支出。

（6）其他费用。

在创业项目起步阶段，还要支付一些其他费用，如设计费、电费、办公用品费、交通费等。

2. 与创业项目利润相关的几个财务概念

利润是创业项目得以生存与可持续发展的根本，怎样赚取利润对项目的成败至关重要。在学习如何制订利润计划之前，先来学习以下几个直接决定项目利润的重要概念：

（1）经营成本。

成本是制订销售价格的基础，也是制订销售价格的下线。正常情况下，产品或服务的单位销售价格必须高于单位成本，否则创业者不但赚取不到利润，甚至还会亏损。根据成本与生产或销售的变动关系，可以把项目经营的所有成本分为两大类：一类是在一定范围内会随着生产或销售的变动而变动的成本，如材料成本等，此类成本叫作可变成本；另一类则是在一定时间和业务量范围内固定不变的成本，如房租、保险费等，这类成本叫作固定成本。

（2）销售价格。

销售价格制订一般有成本加成定价法、需求导向定价法和竞争参照定价法三种方法。

①成本加成定价法。

成本加成定价法就是将制作产品或提供服务的全部费用加起来，然后平均到单位产品或服务上，得出单位产品总成本，再在这个单位产品总成本的基础上加上目标利润百分比得出的结果，就是我们的销售价格。其计算公式为

$$单位产品价格 = 单位产品成本 \times (1 + 目标利润百分比)$$

②需求导向定价法。

需求导向定价法是指根据市场需求状况和消费者对产品的感觉差异来确定价格的定价方法。需求导向定价法分为：理解价值定价法、需求差异定价法、反向定价法。

③竞争参照定价法。

竞争参照定价法是在成本之外，将客户的购买意愿列入制订销售价格必须考虑的因素。因为客户的购买意愿是制订销售价格的上线，而衡量客户购买意愿最简单又直接的办法就是以竞争对手的销售价格作为参照。

创业者需要对竞争对手的价格保持密切关注,以对手的价格作为自己产品定价的主要依据,制订一个与本项目的产品或服务竞争力相匹配的价格。

在使用竞争参照定价法时,必须要了解当地同类商品或服务的市场行情,以保证定价具有竞争力。无论定价比竞争对手高还是低,前提是必须保证自己能更好地满足顾客的需求。

(3)营业收入。

营业收入也称销售收入,是企业通过销售产品或提供劳务所获得的货币收入和应收款项,按比重和业务的主次及经常性情况,一般可分为主营业务收入和其他业务收入。成本是制订价格的基础,价格是预测收入的基础。营业收入的计算公式为

$$营业收入 = 销售价格 \times 销售量$$

根据营业收入公式,创业项目的营业收入预测公式为

$$营业收入预测 = 销售价格 \times 销售量预测$$

(4)利润。

利润是指企业在一定会计期间的经营成果,是收入扣除成本及费用和税金后的余额。它是衡量企业优劣的一种重要标志,也是投资者等财务报告使用者进行决策时的重要参考。利润按其构成的不同层次,可划分为:营业利润、利润总额和净利润,计算公式为

$$营业利润 = 营业收入 - 营业成本 - 期间费用 - 主营业务税金及附加$$
$$利润总额 = 营业利润 + 投资收益 + 营业外收入 - 营业外支出 + 以前年度损益调整$$
$$净利润 = 利润总额 - 所得税费用$$

11.2　建立【为什么】的价值观

——理解销售收入预测和利润预测的意义。

——理解现金流对企业的重要性。

1. 销售收入预测的意义

预测销售收入是全面预测的起点,大部分财务数据与销售收入有内在联系。例如,预测销售收入是制订"销售和成本计划""现金流量计划"的前提数据。

销售收入预测是创业项目制订和实施价格策略、选择销售渠道和销售促进策略的依据之一。可靠的销售额预测能够帮助管理者发现影响客户和团队的重要因素,从而改进和提升赢利能力;也能帮助管理者建立有效的员工日程安排。销售收入预测也是管理者合理安排仓储与运输的主要依据之一。

2. 利润预测的意义

利润不仅反映了项目在一定时期内的生产经营成果,也是衡量和考虑项目经济效益和业绩的重要依据。利润预测是对项目未来(计划期)可实现的利润进行的预见。

利润预测在经营活动中的地位至关重要,也是反映多种财务要素的综合性指标。每个创业者都应对利润进行有效管理。如果没有利润,项目难以生存下去,更谈不上扩大生产规模和发展生产水平。搞好利润预测,对经营管理者的规划、决策工作具有重要意义。

利润预测是在销售预测、成本预测的基础上,通过对产量、价格、成本的预测数据进行综合分析,反映利润在未来时期的状况。利润预测分析主要有两方面:其一是确定目标利润,这是利润预测的中心任务;其二是反映各因素的变动对目标利润变动的影响,即利润变动因素敏感性分析。

创业者设定目标利润,就是项目在未来一段时间内,经过努力要达到的最优化利润目标,它是项目未来经营必须考虑的重要战略目标之一。目标利润应该反映项目未来可以实现的最佳利润水平,既先进又合理;并且目标利润确定后,应保持相对稳定,不能随意更改,并应及时组织落实为实现目标利润在产量、成本、价格等方面必须达到的各项目标和有关措施,并以此作为编制全面预算的基础。

3. 项目现金流的重要性

现金流量指的是企业在一定会计期间按照现金收付实现制,通过一定经济活动而产生的现金和现金等价物的流入和流出的数量。企业的现金来源是多方面的,一般现金流入项目主要有销售商品、提供劳务、出售固定资产、收回投资、借入资金等;现金流出项目主要有购买商品、接受劳务、购建固定资产、现金投资、偿还债务等。

现金流管理,是企业财务管理中很重要的环节。现金流是动态的,好比企业的血液。有流入的现金流,也有流出的现金流,一旦流入的现金流少于流出的现金流,那企业就会遭到现金流危机。很多企业破产倒闭,并不是因为盈利能力出问题了,而是因为资金链出问题了。没有充足的现金流应对企业日常开支,即使手上有好项目,也不得不放弃,严重情况下,企业甚至会难以运营,破产倒闭。

保证现金流不在于保证有多少存款储备,关键是需要用钱时能随时拿出来。对于现金流的管理,创业者要做到以下几点。

(1)做合理的资金计划表,长短期的都应该有。现金流出也会流入,量入为出才能发挥资金的最大效益。

(2)提高资产的变现能力。固定资产变现能力弱,创业初期少买多租,有闲钱买理财也要注意长短期结构,避免不必要的损失。

（3）信用也是钱,要多储备几个快速融资的渠道。最大化的利用个人信用、公司信用,在金融机构提升信用额度,越高越好,平时不用没有成本,随用随提方便快捷。

11.3　建立【怎么做】的方法论

——掌握启动资金的具体测算方法。

——掌握利润预测的具体步骤。

——掌握现金流量计划表的填写要求。

1.预测启动资金

下面让我们一起来学习如何确定项目启动必须购买的物资和必要的其他开支,并测算出我们所需的启动资金。

课堂互动

> 请各项目小组根据项目需求,列举项目启动和运营必须购买的物资和必要的其他开支。请按照"投资资金"和"流动资金"两大类进行分列。稍后,各项目小组之间可以进行交流和探讨,并完善自己的启动资金规划。

知识拓展

启动资金从哪来

我们可以从哪里筹集到创业项目的启动资金呢?通常,可以尝试以下渠道:

1.自己的积蓄;

2.向亲朋好友借钱;

3.从银行或其他金融机构贷款;

4.从供应商处赊购;

5.天使投资;

6.风险投资;

7.从政府部门获取资金支持。

筹集启动资金并非易事,需要有恒心与决心,往往创业者需要同时多渠道筹资。

2. 制订利润计划

课堂互动

> **李先生和他的砖厂**
>
> 李先生在市郊创办了一家砖厂,他向这个城市的建筑工地供砖,每块砖0. 85 元钱。他很担心,因为过去的几个月里他都没有盈利。他已经决定采取更加大胆的促销活动来增加他的销售。结果是他的销售增加了,却赔了更多的钱。
>
> 问题:李先生亏损的原因是什么? 他应该怎么办?
>
> （资料来源:SYB 培训,《创办你的企业》）

$$净利润 = 销售净收入 - 经营成本 - 企业所得税$$
$$销售净收入 = 销售收入 - 增值税$$
$$销售收入 = 销售价格 \times 销售量$$

从上面的利润推导公式可以看到,要制订创业项目的利润计划,就要对利润进行预测。而预测利润,首先需要对销售价格和销售量进行预测。制订利润计划的过程,其实就是解决以下三个问题的过程。

(1) 如何给自己的产品定价?

(2) 卖出商品之后是赚了还是赔了?

(3) 如何保证企业运转中不因缺钱而搁浅?

第一个问题需要在单位产品成本和利润的基础上,计算出产品销售价格;第二个问题需要在预测销量、销售收入、经营成本以及相关税费的基础上,通过制作"销售与成本计划表",进行利润预测;第三个问题是利润计划得以顺利实施的关键所在,因为制订现金流量计划是确保创业项目发动运转有足够燃料的基础。

接下来,进入相关练习,更细致入理地分析创业项目。

(1) 制订销售价格。

前面我们提到,销售价格制订一般有成本加成定价法、需求导向定价法和竞争参照定价法三种。这里,重点学习成本加成定价法。

成本加成定价法计算公式为

$$单位产品价格 = 单位产品成本 \times (1 + 目标利润百分比)$$

测算成本时,必须了解可变成本是怎样随着生产或销售的变化而变化的,而不变成本中还有一些是需要分摊的,如保险费、装修费等。

计算步骤如下。

第一步:罗列生产产品或提供服务的成本构成。表 11 - 1 罗列了一些项目经营中常见的成本项目供大家参考。

表 11 –1　常见的成本项目

材料费	工资和员工福利
包装费	租金
水、电、气费	促销、广告费
折旧和摊销	咨询费(律师和会计事务)
维修费	银行收费
宽带、电话通讯费	办公文具和邮费
保险费	业务招待费
差旅费	营业执照费

随堂练习

想想项目可能还有哪些成本费用,请在下面罗列出来:

_____

_____

第二步:计算折旧和摊销。

折旧是指固定资产在使用过程中,逐渐损耗而消失的那部分价值,应当在固定资产的有效使用年限内进行分摊,形成折旧费用,计入各期成本。如设备、工具和车辆等,它虽然不是企业的现金支出,但仍然是一种成本。

根据我国现行税法,表 11 – 2 的折旧率适用于大多数初创项目。

表 11 – 2　固定资产类型及年折旧率

固定资产类型	每年折旧率
机动车辆	25%
与生产经营活动有关的器具、工具、家具	20%
机器、机械和其他生产设备	10%
店铺	5%
工厂建筑	5%

随堂练习

请算算,表 11 –3 中的固定资产月折旧额是多少?

表 11 –3　固定资产及其折旧

固定资产名称	金额(万元)	折旧年限	月折旧额
生产设备	24	10 年	
办公设备	6	5 年	
小汽车	9.6	4 年	
合计	39.6	—	

摊销是指除固定资产之外,其他可以长期使用的经营性资产按照其使用年限

每年分摊购置成本的会计处理办法。

　　常见的摊销项目如大型软件、土地使用权等无形资产和开办费，它们可以在较长时间内为公司业务和收入做出贡献，所以其购置成本也要分摊到各年才合理。

随堂练习

　　请算算，表 11 – 4 中的经营性资产月摊销额是多少？

表 11 – 4　经营性资产及其折旧

经营性资产名称	金额(元)	分摊年限	月摊销额
技术转让费	12000	5 年	
一次性广告费	2400	1 年	
一次性网络费	600	1 年	
登记注册费	2400	1 年	
合计	17400	—	

　　第三步：计算单位产品或服务的成本。

　　我们可以先计算出一个月的总成本，再除以当月的产品数量，就能得出你的单位产品或服务的成本。公式为

$$单位成本 = 当月总成本 \div 产量$$

随堂练习

　　以生产 580 件有岭南特色的彩瓷工艺品为例，请算算，表 11 – 5 中的项目单位产品成本是多少？

表 11 – 5　项目及其金额

项目	金额(元)
天然原材料	4000
化工原材料	3500
彩绘原料	1400
燃料费	2400
市场营销和促销	2000
工资	4000
折旧及开办费摊销	800
保险费	200
维修费	600
电费、电话费	480
月成本总计	19380

　　计算：＿＿＿＿＿＿＿＿＿＿＿＿＿＿＿＿＿＿＿＿＿＿＿＿

第四步:计算单位产品或服务的销售价格。公式为

不含增值税的单位销售价格 = 单位成本 × (1 + 利润%)

含增值税的单位销售价格 = 不含增值税的单位销售价格 × (1 + 增值税率)

随堂练习

假设彩瓷工艺品利润设定为32%,则彩瓷工艺品不含增值税单位销售价格应为

_____

假设彩瓷工艺品增值税为6%,则含增值税单位销售价格应为

_____

采用成本加成定价法,确定一个合理的成本利润率是关键。而成本利润率的确定必须考虑市场环境、竞争程度、行业特点等因素。我们要严格核算产品的成本,保证定价高出成本。同时,还要随时观察竞争者的价格,以保证价格有竞争力。

(2)预测销售量

预测销售量可以采取以下步骤。

第一步:列出项目推出的所有产品或产品系列,或所有服务项目。

第二步:预测第一年里每个月期望销售的每项产品数量,它的依据来自所做的市场调查。

(3)预测销售收入。

制订了产品价格,预测了销售量,接下来,就可以进行销售收入预测了。预测销售收入可以采取以下步骤。

第一步:列出计划销售的每项产品的价格。

第二步:用"销售价格 × 销售量"计算每项产品的月销售收入。

第三步:进行各项产品的月销售收入加总。

(4)预测经营成本。

制订利润计划,除了需要预测销售收入外,还要了解经营成本以及需要缴纳的税费。

(5)制定利润计划。

在明确了销售收入、经营成本以及税费后,就可以制作销售与成本计划表,并进行利润预测了。

随堂练习

请对你的创业项目销售收入进行预测，并填写下表：

表 11-6　销售收入预测表

销售收入预测表

		1月	2月	3月	4月	5月	6月	7月	8月	9月	10月	11月	12月
产品 1	销售量												
	单价												
	销售额												
产品 2	销售量												
	单价												
	销售额												
产品 3	销售量												
	单价												
	销售额												

随堂练习

请各项目小组根据自己的项目情况，填写《销售与成本计划表》，制定你的利润计划。

表 11-7　销售与成本计划表

销售与成本计划表

		1月	2月	3月	4月	5月	6月	7月	8月	9月	10月	11月	12月	合计
销售	含税销售收入													
	增值税													
	销售净收入													
成本	原材料和包装费													
	工资和薪金													
	租金													
	办公用品购置费													
	维修费													
	水电气费													
	……													
	……													
	……													
	成本合计													
	企业所得税													
	净利润													

（6）制订现金流量计划。

现金流量按其来源性质不同分为三类：经营活动产生的现金流量、投资活动产生的现金流量和筹资活动产生的现金流量。

随堂练习

什么是现金

现金流量管理中的现金，不是我们通常所理解的手持现金；而是指企业的库存现金和银行存款，还包括现金等价物（即企业持有的期限短、流动性强、容易转换为已知金额现金、价值变动风险很小的投资）。包括现金、可以随时用于支付的银行存款和其他货币资金。

一般地，企业的现金流入项目主要有销售商品、提供劳务、出售固定资产、收回投资、借入资金等；企业的现金流出项目主要有购买商品、接受劳务、购建固定资产、现金投资、偿还债务等。

现金流量计划表由期初现金、现金流入、现金流出以及期末现金四大部分组成，见表 11 – 8。

如果说现金流量是一个经营项目发动运转的燃料，那么现金流量计划表就是一份可视化的燃料表，它可以帮助预测项目所需要的资金，是确保项目生存与发展、提高市场竞争力的重要保障。但是，制订现金流量计划绝非易事，下列原因会为制订现金流量计划带来困难。

困难一：赊销——就是先把产品或服务提供给顾客，通常需要几个月甚至更长的时间，才能收回现金；

困难二：赊购——就是先从供应商那里拿到货，以后再付现金，这对新创项目不太常见；

困难三：设备折旧等非现金因素必须充分考虑。

表 11-8　现金流量计划表

现金流量计划表

		1月	2月	3月	4月	5月	6月	7月	8月	9月	10月	11月	12月	合计
期初现金（A）														
现金流入	现金销售收入													
	赊账收入													
	贷款													
	企业主（股东）投入													
	现金流入合计（B）													
现金流出	原材料													
	工资和薪金													
	租金													
	办公用品购置费													
	维修费													
	水电费													
	电话费													
	税金													
	贷款本息													
	投资（固定资产）													
	投资（开办费）													
	现金流出合计（C）													
期末现金（A＋B－C）														

列单子

💡 项目导读

　　亲爱的同学们,在前期学习了这么多跟创业相关的知识,进行了相关训练,大家对自己的创业项目已经有了较清楚的构思。

　　每一个创业想法都是独一无二的存在,那么,我们要如何用最鲜活的语言讲好自己的"创业故事"呢? 创业计划书能够帮你把商业梦想通过文字展现出来!

任务 12　学习创业计划书写作

【思政燃灯】

将工匠精神贯穿在学习训练中。

【行动工具包】

搭建"为什么梯子"。

12.1　建立【是什么】的世界观/人生观

——了解创业计划书的定义和类型。
——了解创业大赛的起源。

 **智慧链接**

让工匠精神深入人心

2020 年 12 月 10 日,习近平总书记致信祝贺首届全国职业技能大赛举办,强调"大力弘扬劳模精神、劳动精神、工匠精神""培养更多高技能人才和大国工匠"。在长期实践中,我们培育形成了"执着专注、精益求精、一丝不苟、追求卓越的工匠精神"。迈向新征程,扬帆再出发,急需一大批具有工匠精神的劳动者,亟待让工匠精神在全社会更加深入人心。

不论是传统制造业还是新兴制造业,不论是工业经济还是数字经济,工匠始终是中国制造业的重要力量,工匠精神始终是创新创业的重要精神源泉。中国制造、中国创造需要培养更多高技能人才和大国工匠,需要激励更多劳动者特别是青年人走技能成才、技能报国之路,更需要大力弘扬工匠精神,造就一支有理想守信念、懂技术会创新、敢担当讲奉献的庞大产业工人队伍,为经济社会发展注入充沛动力。

让工匠精神深入人心,就要创造更多"工匠故事"。做好电线电缆"守门员"的叶金龙,与马达结缘一辈子的吴玉泉,以精湛技能完美诠释"钳工"意义的赵水林……一批批国家级技能大师,坚守产业报国的初心,在平凡的岗位上成就了不平凡的业绩。深入贯彻尊重劳动、尊重知识、尊重人才、尊重创造方针,完善工匠政策,提升工匠地位,落实工匠待遇,才能为广大技能人才提供更广阔的舞台,推动更多工匠竞相涌现。

让工匠精神深入人心,还要进一步讲好"工匠故事"。工匠精神是在生产实践中凝聚而成的可贵品质,充分展现着劳动之美、精神之美、时代之美。讲好"工匠故事",能让人们从大国工匠身上感受到劳动的光荣、精神的魅力。开展以弘扬工匠精神为主题的宣传教育,把崇尚工匠精神纳入人才培养全过程,贯通大中小学各学段和家庭、学校、社会各方面,才能让一个个"工匠故事"激励青少年乃至更多人追求卓越。

自 2019 年起,杭州将每年的 9 月 26 日设为"工匠日",成为全国第一个为工匠设立专属节日的城市。设立"工匠日",是为了激励工匠们创新创造,也是为了培厚工匠精神的土壤。无论是开展"杭州工匠"评选与表彰、打造劳模工匠文化公园与工匠元素特色街区,还是创立"杭工云课"等线上线下教学平台、建立健全"工匠带徒"制度,众多举措让工匠有荣誉感、成就感,让崇尚工匠精神成为一种新时尚。

时代发展需要大国工匠。站在实现"两个一百年"奋斗目标的历史交汇点上,全社会都要大力弘扬工匠精神,让崇尚工匠精神的理念深入人心,让每一位劳动者在新时代书写出更多更精彩更动人的"工匠故事"。

(资料来源:《人民日报》2020 年 12 月 25 日,05 版)

1. 创业计划的定义

创业计划书是创业者计划创立的业务的书面摘要,它以与拟创办企业相关的内外环境条件和要素特点作为业务的发展指南,是衡量业务进展情况的标准。通常,创业计划书是市场营销、财务、生产、人力资源等职能计划的综合,分析它们之间的权重,平衡各个部分并评估其可行性。创业计划书也叫行路图,帮助创业者回答三个问题:我们现在在哪里? 我们将去哪里? 我们将如何到达那里?

课堂互动

讨论并分享:创业计划还有什么作用?

2. 创业计划书的类型

(1)规范型计划书。

这类创业计划书主要用于争取投资、招募成员及参加创业大赛,涵盖创业计划的所有内容,翔实有当,突出重点以便让利益相关方可以很快就能找到感兴趣的内容,篇幅一般控制在 25 ~ 40 页。

(2)翔实型创业计划书。

这类创业计划书主要针对创业者和整个团队,用于引导项目的筹备、启动和初期增长。这类创业计划书通常会超过 80 页,覆盖创业计划的方方面面。特别是有关于筹划和操作部分需要极尽详细,以便创业者自己和整个团队深入理解项目以及后期进行迭代。

（3）精简型创业计划书。

这种创业计划书比前两种对篇幅的要求短很多，一般不超过 10 页。这种创业计划书目的在于对搜集到的资料进行初步梳理，对项目中的重要内容进行简明描述以厘清初步思路。

小·贴士

在撰写创业计划书的过程中，要注意控制篇幅，全面翔实的创业计划书一般在 90 页以内。

3. 创业计划大赛的起源

创业计划大赛起源于美国，又称商业计划竞赛。自 1983 年的德州大学奥斯丁分校举办首届创业计划竞赛以来，包括麻省理工学院、斯坦福大学等世界一流大学在内的十多所大学每年都举办这一竞赛。雅虎公司就是在美国大学的创业氛围中诞生的。从某种意义上说，创业计划竞赛已成为美国经济发展的直接驱动力之一。

1998 年，我国著名学府清华大学举办了中国最早的创业计划竞赛。时隔一年，由共青团中央、中国科协、全国学联主办，清华大学承办的首届"挑战杯"中国大学生创业计划竞赛成功举行。"挑战杯"竞赛在中国共有两个并列项目：一个是"挑战杯"中国大学生创业计划竞赛，另一个则是"挑战杯"全国大学生课外学术科技作品竞赛。这两个项目的全国竞赛交叉轮流开展，每个项目每两年举办一届。

小·贴士

想了解更多关于国内大学生创业大赛的信息，请搜索：

1. 挑战杯 http://www.tiaozhanbei.net/focus。

2. "互联网 +"大赛 https://cy.ncss.cn/。

12.2　建立【为什么】的价值观

——了解创业计划书的重要性。

1. 创业计划书的作用

创业计划书对初创企业来说尤为重要，它是创业者在正式启动创业项目之前，基于前期对整个项目的调研、策划的成果,对创业项目进行全面说明的计划性文件。创业计划书是商业模式的书面体现。拥有一份好的创业计划书,就好像有了一份业务发展的指示图,它会时刻提醒创业者应该注意什么问题,应该规避什么风险,并最大限度地帮助创业者获得来自外界的帮助。具体表现为以下几点。

（1）指导创业者的创业行动。

创业计划书的第一个读者是创业者自己,也就是说创业者首先要把计划中的项目推销给自己,下一步才能打动别人。初定的计划可能是相对简单的,也可能是有缺陷、有漏洞的,但它的首要任务是帮助创业者理清思路,对项目有更清晰的认识。

编写创业计划书的过程,是一个调研与思考的过程,创业者可以在这个过程中清楚地看到自己所拥有的资源、已知的市场情况和初步的竞争策略等内容,使创业者进一步明确自己的创业思路和经营理念。

（2）明确创业的价值和创业战略。

创业计划的制订是基于信息的收集和分析基础上的,这个过程有利于确定机会价值和创业的宗旨、目标、方法、可行性、战略等。例如,拥有必要的信息可以减少创业的风险和提高成功的可能性;将项目价值与风险进行比较,如能明确商业机会的价值高于风险,就值得去追求;在明确创业战略方面,创业计划的制订过程可以回答战略制定的有关问题,包括战略的内容和执行过程等。创业计划书有利于信息的整合、战略的形成,而战略决定了企业的模式和方向。

（3）帮助创业者凝聚人心。

一份完美的创业计划书可以增强创业者的自信。创业计划书通过描绘新创企业的发展前景和成长潜力,使管理层和员工对企业及个人的未来都充满信心;而明确要从事的项目和活动,又使大家有一个准确的角色定位。因此,创业计划书对吸引人力资源、凝聚人心、组建团队具有重要意义。

（4）帮助创业者获得融资。

创业计划书作为一份全方位的项目计划,在对即将开展的创业项目进行可行性分析的同时,也是在向风险投资商、银行和客户等宣传拟建的企业及其经营方针,包括企业的产品、营销、制度、管理等各个方面。

在一定程度上,创业计划书也是拟建企业对外进行宣传和包装的文件,也是创业者对外的第一张名片。看一份创业计划书就如同跟项目创始人交谈,你对投资者的讲话内容、词语选择、语音语调、表情和肢体语言都跃然纸上。

知识拓展

《我是这样拿到风投的:和创业大师学写商业计划书》书中写道:要用写故事的角度来思考创业计划书究竟是写给谁看的,该如何吸引各种利益相关人,说服他们相信你企业所包含的潜力。

　　环视美国现今最成功的各大公司,你会发现它们都有一个广为人知的"故事",也就是常说的"tagline"(企业口号、宣传词)。例如:

　　1."保证在隔天送到"——联邦快递;

　　2."做我所想"——耐克;

　　3."与人分享,让世界更小、更开放"——脸书网;

　　4."您的微笑,我们的追求"——麦当劳;

　　5."即刻了解世界各地正在发生的事"——推特。

智慧链接

讲好品牌故事

　　2017 年,"999 感冒灵"根据真人真事改编的一则视频广告《这个世界没有你想的那么糟,总有人在偷偷爱着你》,被称为"就算用流量也要看完"的广告:前半部分的广告是如此真实而冰冷的在你我身边上演,这世界不会再好了吗? 广告的后半部分来了一次反转:想自杀的女孩在百度上提问,却收到无数的关心;冷言冷语的报纸摊老板,只是为了阻止小偷;拍下醉酒女孩照片的男子,是为了向民警告知具体情况;拦路的交警,帮忙盖上了有安全隐患的油箱盖;好不容易挤进电梯的白领,却为外卖小哥让道;表面凶悍的车主,却用巧妙的方式化解了意外。

　　一个个意想不到的结局,带出了"999 感冒灵"的品牌核心——温暖,很好地以共情的方式打动观众,让他们在为故事感动的同时也牢牢记住了"999 感冒灵"这个品牌以及它的品牌故事。

12.3　建立【怎么做】的方法论

　　——掌握撰写创业计划书的具体步骤。

　　——在学习和训练中践行工匠精神。

1.创业计划书的准备阶段

　　前面提到创业计划书也叫"行路图",在我们真正动笔去绘制这份"蓝图"前,先来思考几个问题:这幅"行路图"要具备哪些元素? 如何绘制这幅"行路图"才能让人一眼看懂? 它要通过怎样的方式展露人前? 整个绘制过程可分为三个阶段。

　　(1)准备阶段。

　　创业计划与其他的文章不同之处在于,它所涉及的元素众多,同时元素之间会互相影响互相牵绊。万事开头难,在真正写作前先要做好充分的准备,才能保证创业计划的内容真确可信,有理有据。

①资料收集。

资料调查可分为实地调查与收集二手资料两种方法:实地调查可得到创业所需的第一手真实资料,但时间及费用耗费较大;收集二手资料较容易,但可靠性较差。创业者可根据需要灵活采用资料调查方法。

调查收集到的资料要经过分类处理,处理恰当能帮助创业者降低风险。处理不当有可能会延误良机或错失良机,甚至做出错误决策。

②市场调研。

市场调研就是市场需求调查,有目的、有计划地收集、整理、分析有关供求和资源的各种情报、信息和资料。一般来说,开展市场调研应从宏观到微观,从市场环境到市场细分。

市场调研的主要渠道有很多,宏观方面有政策状况调查、人口统计、社会文化、经济及技术发展趋势等,微观的主要包括客户需求和产品及服务情况。其中,以客户需求调研最为重要。在市场调研过程中,调研者要同潜在客户展开接触,搜集客户购买此类产品的时间周期、谁在决定是否购买、你的产品或服务凭什么吸引目标市场中的消费者等信息,以便制订销售策略。

此外,市场调研还包括对竞争对手的调查,例如,竞争对手都有哪些;他们的产品与本企业的产品相比,有哪些相同点和不同点;竞争对手采用的营销策略是什么等。

市场调研需要运用科学的方法,这里推荐的方法分为直接法和间接法两种。

调研的直接方法包括洞察法、问卷法、深度访谈法、电话询问法和集中小组讨论法等。洞察法是发现问题的根本方法,找到真正有意义的问题有时比解决问题更有价值。深度访谈法比调查问卷的效果更好,当然,深度访谈的对象选择非常重要,我们可以多跟此类产品(服务)的重度使用者、关注行业周边细节的"发烧友"和本产品(服务)的忠诚用户进行深度访谈,尽量把访谈对象控制在 35 个以内。

我们还能通过普查信息、行业信息、广电传媒、网络信息、报刊杂志资料和商业信息间接进行市场调研。当然,在一般情况下,间接调研法只是备选,尽量还是多通过直接调研获得我们所需的信息。

课堂互动

小明打算开一家咖啡馆,在正式创业前打算先制订一份创业计划书。他深知编写创业计划需要充分的准备工作,于是他针对开业地址附近的居民发放并回收了大量的调查问卷,以及进行了街头访问。但最终在下笔编写创业计划书时却发现有价值的调研成果并不多。小明不禁陷入了深思。

请同学们讨论并分享:究竟问题出在哪里?

（2）创业构思。

创业者对自己将要开创的事业要给予非常具体、细致的思考,并细化创业构想,制订明确的时间进度表和工作进程。如果构思不完整,企业后期很可能经营困难,甚至破产倒闭。因此,成熟的创业者应具有较为完整的创业构思。

在制订创业计划书前,可多多思考下面几个问题:

——我为什么要创业?是有创业条件与机会,还是被逼无奈?

——分析与评估自己,自己的优点是什么?缺点又是什么?

——我能否找到适合自己创业的领域?

——我能否选定具体的经营范围,并对市场机会与市场前景有相当程度的把握?

创业构思初步形成以后需要不断细化,而细化创业构思可以从重构问题开始。我们要学会搭建一个"为什么梯子"去找到真正的问题核心,从而把握"痛点",进一步细化创业构思。

行动工具

搭建一个"为什么梯子"

用"为什么梯子"深入探索问题可分四步走:第一步发现问题;第二步不断提问深化;第三步重构问题;第四步呈现问题。

以共享自行车乱停乱放问题为例。

第一步,提出看到共享自行车乱停乱放的现象。

第二步,深化这个问题:为什么共享自行车会乱停乱放?因为没有特定的停放点。为什么没有特定的停放点?因为共享自行车使用地点有没有限制……以此不断的提问,到第五个问题时,我们往往可以得出一个比较深入细致的思考。

第三步,重构这个问题,把它变成"我们怎样才能……"的提问方式。

最后一步,通过问题呈现,帮助创业者做出选择并深入开发创造性设想。

思考并分享:

请用"为什么梯子"方法重构以下问题。

1. 如何提升饭堂阿姨的服务态度?

2. 如何有效控制手机娱乐的时间?

3. 如何在学习中践行工匠精神?

2.创业计划书的编写阶段

创业计划书是在对行业、市场进行充分研究的基础上编写完成的,它的最终目的是为了获得投资和资源。因此,创业计划书的设计应从投资者的角度来考虑。在编写创业计划书时,要注意措辞准确、行文条理清晰、简明扼要,并围绕投资者的关注点去思考、调查和分析。创业计划书的编写可以分为以下三步。

(1)方案起草。

搜集到足够的信息后,创业者即可开始起草创业计划书。由于创业计划书中包含的内容较多,因此创业者在起草时要明确各个部分的作用,做到有的放矢。同时,在撰写创业计划书的过程中,创业者还需咨询律师或顾问的意见,确保计划书中的文字和内容没有歧义,不会发生误解。

第一步,拟定创业执行纲要。

第二步,草拟初步创业计划:依据创业执行纲要,对创业企业的市场竞争及销售、组织与管理、技术与工艺、财务计划、融资方案,以及风险分析等内容进行全面编写,初步形成较为完整的创业计划方案。

第三步,修改阶段:创业计划小组在这一阶段对创业计划进行广泛调查并征求多方意见,进而提出一份较为满意的创业计划方案。

第四步,创业计划初步定稿。

(2)完善方案。

首先,根据初步定稿的计划书,把其中最重要的内容做成一个1~2页的摘要,放在前面。然后,认真检查一遍创业计划书,千万不要有错别字之类的低级错误,否则别人会觉得你做事不够严谨。最后,设计一个漂亮的封面,编写目录与页码,然后打印、装订成册。

创业计划书的封面要简洁有新意,包含项目或企业名称、地址、联系方式等。版本装订要精致,要按照资料的顺序进行排列,并提供目录和页码,最后还要附上计划书中支撑材料的复印件。

(3)检查方案。

对创业计划书文本和内容进行检查,以保证计划书的正确和美观。创业计划书的检查包括以下几方面的内容。

①检查创业计划书是否在文法上全部正确且没有错别字。

②检查创业计划书是否滥用行业术语。

③检查创业计划书是否有重点摘要并放在最前面。

④检查创业计划书是否显示出已经进行过完整的市场调研。

⑤检查创业计划书是否体现出具有管理公司的经验。

⑥检查创业计划书是否显示出公司的偿还能力。

3.创业计划书的展示阶段

无论创业计划书写得多么详尽多么完美,在创业大赛中的路演或者真正面对投资人时,创业者可能只有十几分钟的时间介绍你的创业计划。因此,掌握如何汇报展示创业计划书将是非常重要的一环,直接影响创业者是否能够成功获得信任和投资,可以说是"成败在此一举"。

(1)创业计划书展示。

首先,创业者需要准备一个精美的PPT进行展示,注意PPT要符合逻辑清晰、观点鲜明、文字精练、视觉美观等要求。页数控制在10~15页内,以原创为主,可以借鉴网络模板,配色鲜明,设计简约时尚,切勿太过花哨。

(2)创业计划书汇报技巧。

无论是在创业计划大赛还是在面对真正的投资人时,汇报一定要简洁,创业计划书汇报只需要说明以下几个问题:

①项目是什么;

②解决了什么问题;

③市场和竞争情况;

④怎么实现。

在汇报过程中,要把握好详略适当的原则。把最多的时间放在产品和服务介绍中,将创业的产品和服务介绍清楚,让听众产生想购买的冲动。另外,企业的商业模式也应重点介绍,特别是其中的企业价值和客户价值。

内部运营、发展规划和风险评估防范是第二重点讲解的部分,重点突出风险管理。团队介绍、市场营销和财务规划点到即可,团队介绍最好控制在1分钟以内,市场营销和财务规划可能在将来获得投资以后有重大变化,所以只做预判即可。在汇报过程中,最好留一小部分时间谈谈竞争分析。

汇报展示中还有一些值得重视的小技巧,例如:产品和服务最好先制作原型,使展示更有亮点;创业者在汇报过程中要让评委或投资人看到公司的规划,哪怕产品不成熟不完善,也要有改善的计划,做到客观真实;万一遇到需要答辩的情况,充分利用时间,尽量把问题回答得清楚详细;汇报时,创业者可利用战术性留白,吸引投资人阅读计划书,而不是把所有内容通篇读一次。

知识拓展

如果你的初创企业最大的优势是团队,那在汇报过程中可以不受所限,反而应该突出团队的强大性。如果你的企业在早期,则必须学会强调如何复制扩大,例如赶集网的说明:每10个员工做1个城市的100万用户,那么50个员工就可以做10个城市的500万用户。

(资料来源:《创业时,我们在知乎聊什么》,有改动)

随堂练习

请为你的创业计划书编订制作一份导航,在学习和训练中践行工匠精神。

成员:	
公司:	

第一阶段　资料整理,分门别类

类别	资料名称	负责人	获得时间	归档时间
行业分析				
市场细分				
相关政策				
目标群体				
客户需求				
竞争对手情况				
地理位置				
经营模式				
现有的产品或服务				
成功案例				

第二阶段　创业计划中要完成的任务

类别	优先等级	负责人	开始时间	完成时间
行业	高			
客户	高			
竞争	高			
公司	中			
产品	高			
营销	高			
营运	中			
开发	中			
团队	中			
风险	中			
投资邀约	中			
财务计划	中			
附录	中			

工匠精神及其当代意义

　　党的十八大以来,习近平总书记关于弘扬劳模精神和工匠精神的一系列重要论述,为我们进一步深化对工匠精神的认识提供了根本遵循。深刻认识工匠及工匠精神的重要理论与实践意义,对于大力弘扬工匠精神,建设一支重知识、善技能、创新型的产业大军,具有重大意义。

　　1. 工匠

　　工匠的出现几乎与人类的历史一样久远。习近平总书记说:"人类是劳动创造的,社会是劳动创造的。"劳动创造人类,恩格斯指出,"真正的劳动……是从制造工具开始的"。制造工具最初是将自然之物通过人类的加工使其成为能够打猎或捕鱼的工具,将自然的石块、动物骨头等加工成工具,就是最初的手工艺,这使得前人迈出了人猿相揖别的关键一步。因而手工艺劳动在起源意义上就是创造人类的劳动。

　　在中国传统文化语境中,工匠是对所有手工艺(技艺)人,如木匠、铁匠、铜匠等的称呼。荀子说:"人积耨耕而为农夫,积斫削而为工匠。"早在春秋战国时期,除农业之外的各种手工艺工匠已经形成规模,称为"百工"。这些工匠能够"审曲面势,以饬五材,以辨民器"。在我国的工艺文化历史上,产生过鲁班、李春、李冰、沈括这样的世界级工匠大师,还有遍及各种工艺领域里像庖丁那样手艺出神入化的普通工匠。

　　进入现代工业社会,伴随手工艺向机械技艺以及智能技艺转换,传统手工工匠似乎远离了人们的生活,但工匠并不是消失了,而是以新的面貌出现了,即现代工业领域里的新型工匠、机械技术工匠和智能技术工匠。我国要成为世界范围内的制造强国,面临着从制造大国向智造大国的升级转换,对技能的要求直接影响到工业水准和制造水准的提升,因而更需要将中国传统文化中所深蕴的工匠文化在新时代条件下发扬光大。

　　2. 工匠精神

　　千百年来技艺工匠的劳动实践即其生产的物质文明成果遍布人类生活以及审美的各个方面,同时在精神文明层面形成了以工匠精神为核心的工匠文化。工匠精神有着十分丰富的内涵。

　　(1)工匠精神首先是一种劳动精神。

　　人民创造历史从根本上看是劳动创造历史。人类在改造自然的伟大斗争中,不断认识自然的客观规律,通过在劳动实践中不断积累实践经验与技能,从而推动历史进步和创造更为丰富的社会财富。正如习近平总书记所说:"用辛勤劳动创造中国人民的美好生活、创造中华民族的美好未来。"劳动是人类赖以生存的根本,同时也为个人提供了实现人生价值的舞台和空间。习近平总书记指出："劳动是财富的源泉,也是幸福的源泉。人世间的美好梦想,只有通过诚实劳动才能实现;发展中的各种难题,只有通过诚实劳动才能破解;生命里的一切辉煌,只有通过诚实劳动才能铸就。"一个人只有通过诚实劳动,才可为社会创造物质财富与精神财富,才可得到他人和社会的认可与褒奖。与此同时,实现自我人生价值目标而产生的幸福感和愉悦感,会进一步激发劳动者的创造激情,从而为社会和他人创造更为丰富的财富。习近平总书记指出:"一切劳动者,只要肯学肯干肯钻研,练就一身真本领,掌握一手好技术,就能立足岗位成长成才,就都能在劳动中发现广阔的天地,在劳动中体现价值、展现风采、感受快乐。"工匠精神首先就是热爱劳动、专注劳动、以劳动为荣的精神。在劳动中体验和升华人生意义与价值,是工匠精神的题中应有之义。

(2)工匠精神是对职业劳动的奉献精神。

千百年来工匠以业维生,并以技艺为立身之本,无私地奉献自己的全部心血,提高和完善自己的技艺,创造了灿烂的工匠文化。工匠精神就是干一行爱一行,在干中增长技艺与才能。发扬工匠精神,就要提高我们的爱岗敬业精神,正如习近平总书记所说:"劳动没有高低贵贱之分,任何一份职业都很光荣。"劳动最崇高,劳动最光荣,在平凡的岗位干出不平凡的业绩,就是工匠精神的体现。无论是三峡大坝、高铁动车,还是航天飞船,都凝结着现代工匠的心血和智慧。

(3)工匠精神是一丝不苟、精益求精的精神。

重细节、追求完美是工匠精神的关键要素。几千年来,我国古代工匠制造了无数精美的工艺美术品,是古代工匠智慧的结晶,同时也是中国工匠对细节完美追求的体现。现代工业对细节与精度的把握,更是长期工艺实践和训练的结果,通过训练培养成为习惯气质、成为品格。"功夫"一词,不仅指的是武功,而且也是指各种工匠所应具有的习惯性能力,是长期苦练得来的。不下一定的苦功,不可能出细活。工匠从细处见大,在细节上没有终点。2015 年,中央电视台播出《大国工匠》纪录片,讲述了 24 位大国工匠的动人故事。这些大国工匠令人感动的地方之一,就是他们对精度的要求。如彭祥华,能够把装填爆破药量的呈送控制在远远小于规定的最小误差之内;高凤林,我国火箭发动机焊接第一人,能把焊接误差控制在 0.16 毫米之内,并且将焊接停留时间从 0.1 秒缩短到 0.01 秒;胡双钱,中国大飞机项目的技师,仅凭他的双手和传统铁钻床就可产生出高精度的零部件,等等。无数动人的故事告诉人们,我国作为制造大国,弘扬工匠精神、培育大国工匠是提升我国制造品质与水平的重要环节。

(4)工匠精神的核心要素是创新精神。

习近平总书记指出:"创新是一个民族进步的灵魂,是一个国家兴旺发达的不竭动力。"一个民族的创新离不开技艺的创新。在现代工业条件下,传统工艺要在传承与创新中得到发展的,我们要将传承与创新统一起来,在传承的前提下追求创新。现代机械制造尤其是现代智能制造,对技艺提出了越来越高的难度和精度要求,不仅要有娴熟的技能,而且要求技术创新。每一个产品的开发,每一项技术的革新,每一道工艺的更新,都需要有工匠的创新技艺参与其中。《大国工匠》纪录片中的那些卓越工匠,不仅具有高超的技艺,而且具有强烈的创新意识和创新能力。高凤林在他所参与攻关的多项重大项目中,不断改进工艺措施,不断创造新工艺,不断攻克一个个难关,从而达到世界第一的水准。创新能力,不是对以往工艺墨守成规,而是对现有的生产技艺的大胆革新,给行业技艺带来突破性贡献,促进生产技艺水平提升,推动社会经济发展。

4.工匠精神的本质:道技合一,追求卓越

中国哲学对工匠精神有着深刻的认知:道技合一或"匠工蕴道"。在《庄子》的多篇文章中,表达了对工匠精神的本质看法。《庄子》以庖丁解牛、匠石运斧、老汉粘蝉等生动事例告诉人们,古代匠人的技艺能够达到鬼斧神工的至高境界。庖丁以19年解牛数千之功力,技法能够达到"官知止而神欲行,依乎天理"的境地,足以见得,古代工匠精神既是实践的积淀,同时又是内心对道的追求的展现。匠工蕴道,这个道,是技艺之道,同时也是得天理之道。庄子以庖丁娴熟技艺、游刃有余的技艺表明,庖丁对劳动对象的自然机理纯熟于心,并化为精神生命之道的追求和把握,与技艺的完善结合在一起,从而达到鬼斧神工的境界。当代大国工匠高凤林、张冬伟、顾秋亮等,其技艺达到臻于完美的境界,都是通过刻苦训练和反复实践,从而达到对其劳动对象的自然机理之道的深刻把握。

从根本上说,工匠精神是一种伦理德性精神。就德性论层面而言,人的一切行为发自内在品格。对完美的追求,精益求精以及持之以恒的探索创新,是内在德性的展现。道技合一是德性品格的见证。在苏格拉底看来,工艺制作是指向善的活动,一个人熟练地掌握了他所从事的技艺,也就能够把这类事情做好,从而成为一个有德性的人。那些具备工匠精神的大国工匠们,坚守质量品质,一生打造精品,把产品的好坏看成自己人格和荣誉的象征,他们就是这样具有优美德性、始终追求卓越的人。习近平总书记说:"劳动模范是劳动群众的杰出代表,是最美的劳动者。劳动模范身上体现的'爱岗敬业、争创一流,艰苦奋斗、勇于创新,淡泊名利、甘于奉献'的劳模精神,是伟大时代精神的生动体现。"我们要以大国工匠和劳动模范为榜样,做一个品德高尚而追求卓越的人,积极投身于中华民族伟大复兴的宏伟事业中。

(资料来源:《光明日报》,2021年1月18日15版,有删减)

判卷子

项目导读

新时代背景下大学生的创业理想不是一个"光想青年"能够实现的。"纸上得来终觉浅，绝知此事要躬行。"同学们要敢想敢写敢做，在实践中检验自己的创业构思。知道吗，为了实现创业理想而在不断学习和尝试的你，正在闪闪发光！

任务 13　撰写创业计划书

【思政燃灯】

知行合一是实现创业理想的唯一路径。

13.1　建立【是什么】的世界观／人生观

——重视创业计划书的关键信息展示。

1. 创业计划书的七大关键信息

创业计划书是创业项目的重要组成部分，也是投资人对创业者及其项目的第一印象。因此，那些既不能给投资者以充分的信息，也不能使投资者激动起来的创业计划书，最终结果只能是被扔进垃圾箱里。为了确保创业计划书能"击中目标"，创业者应突出创业计划中的几个关键信息：

（1）你的产品（或服务）为什么好？

（2）你的竞争对手还有什么没做好？

（3）你的项目市场机会为什么大？

（4）你的项目遇到风险怎么办？

（5）为什么这个项目是你们来做？

（6）你的项目用的是什么商业模式？

（7）你的项目摘要足够精彩吗？

2. 关键信息关键在哪

（1）你的产品（或服务）为什么好？

创业计划书要突出产品或服务的创意和优势，把出资者拉到企业的产品或服务中来，这样出资者就会和创业者一样对产品或服务有兴趣。制订创业计划书的目的不仅是要出资者相信企业的产品或服务会在市场上占领高地，同时也要让他们看到企业有证明它的证据。

创业计划书对产品的阐述是创业计划书中的核心要素，讲好有关产品或服务的"故事"，会让整份创业计划书焕然一新。学会用一句话定义自己的产品，并且最好能把它融入标题中，要么能直接体现项目的技术含量，要么能引起共情效应，要么非常新鲜有趣，才能在第一时间抓住投资人的眼球。

课堂互动

用一句话定义自己的产品

相信很多同学都爱吃川菜,川菜中最受欢迎的菜品有酸菜鱼、辣子鸡。可是提起川菜,有哪个品牌能让你脱口而出吗?

2016 年创办的"撒椒"应该是其中的一员。"撒椒·四川江湖菜"团队以传统江湖菜为灵感,精选 10 余道经典大菜,改良创新,把江湖菜从街角巷尾搬到了购物中心,还给自己取了一个个性的名字,短短一年的时间就传遍全国各地。

撒椒,谐音"撒娇","撒"代表泼辣豪放,"椒"是花椒、辣椒、胡椒。消费者一看店名,就能猜到是主打川渝菜系的,同时又给人一种直爽豪迈之感,仿佛光看名字就能感受到那种快意性情。

请你说说,下面这些项目名称是属于共情、有趣还是一句话能读懂?

1.罗小馒:目前云南最火的"罗三长红糖馒头";

2.情系民生热豆腐:壹明唐现做现卖豆制品连锁运营;

3.名人朋友圈:"00 后"最喜爱的语言 Cosplay 虚拟社区;

4.抖音:记录美好生活。

智慧链接

老牌国货跨界营销:用"情怀"和"趣味"讲好品牌故事

大白兔奶糖是很多人童年时最爱的糖果品牌之一,那浓浓的奶香让人们回味无穷,是记忆中难忘的经典味道。不过,大白兔奶糖味的唇膏,你能想象吗?

2018 年 9 月 20 日上午 10 时,国产经典品牌美加净与大白兔联手推出奶糖味润唇膏在美加净天猫旗舰店开售,售价为 78 元 2 支。仅仅半秒,首批发售的 920 只唇膏就被秒杀一空。次日,美加净紧急补货再次上线开卖,又引发抢购热潮。

创立于 1959 年的大白兔奶糖风靡全国 60 年,至今仍是国内首屈一指的糖果品牌。美加净创立于 1962 年,是历史悠久的护肤品牌,堪称国民面霜。此次两方跨界合作,引来消费者的热烈追捧和媒体竞相报道,成为热点话题。两个品牌均获得广泛关注,宣传效果极佳。

实际上,这已不是国产经典品牌第一次玩跨界营销了。2017 年 10 月,国产经典品牌大宝为了迎接即将到来的"双 11"大战,跨界国产经典动画 IP《葫芦兄弟》,推出音乐盒系列产品,内有 6 款葫芦娃版大宝 SOD 蜜,在天猫旗舰店限量发售。音乐盒不仅可以演奏出《葫芦兄弟》的主题曲,还可以播放各个葫芦娃的经典台词,甚至还为会隐身的六娃做了专门设计。这款产品一推出,便令众多网友眼前一亮,很快销售一空。

国民护肤品牌百雀羚也曾携手故宫文化珠宝首席设计顾问钟华,将传统的东方发簪文化与国际高级珠宝设计跨界融合,共同定制"燕来百宝奁"限量礼盒,以及多款人气产品,开拓护肤品跨界营销全新领域。限量礼盒上架仅 35 秒,便被期待已久的粉丝"光速秒杀"。

2018 年 6 月,有"国民花露水"之称的六神,联手锐澳 RIO 鸡尾酒展开跨界合作,推出"六神花露水风味"的鸡尾酒。这款合作产品的外形采用六神花露水的经典绿色包装,将六神花露水字样换成 RIO 锐澳,酒被调制成六神花露水的淡绿色。六神花露水风味 RIO 锐澳鸡尾酒限量供应 5000 瓶,17 秒内便销售一空,十分抢手。

需要注意的是,跨界营销不应仅是噱头,更是两个经典品牌精神的相互融合与彼此激发。跨界限量款销售完毕后,品牌又归于沉寂,偶发性的"打鸡血"能给品牌价值带来多大的提升值?市场反响良好的跨界产品是否可以考虑量产?经典国产品牌是否可以建立长期抱团取暖的有效机制?这些问题都值得思索。

一个时代有一个时代的主流消费者和流行元素。国产经典品牌要跟上节奏,关键在于适应新时代的市场需求,提供准确定位的优质产品,单纯依靠卖"情怀"吃老本显然不是长久之计。消费者对经典品牌的认可,是其承载的工匠精神,是多年如一日对产品质量的严格要求。对于跨界营销或是多元化经营,只有与时俱进,尝试多种营销内容和形式,坚守品质和核心价值,才是国产品牌最重要的生命线。

(资料来源:中国工商报,徐楠)

(2)你的竞争对手还有什么没做好?

在创业计划书中,创业者应细致分析竞争对手的情况。竞争对手都是谁?他们的产品是如何制作的?竞争对手的产品与本企业的产品相比,有哪些相同点和不同点?竞争对手所采用的营销策略是什么?

在这个部分很多初创者会产生困惑,究竟要如何描述自己的竞争对手呢?是刻意地贬低对方突出自己,还是实话实说?倘若竞争对手真的比我们优秀太多,这一部分内容会不会反倒成了劣势?

其实在这一板块里,应该尊重客观事实,理智分析对手的产品和服务情况,同时要把握住竞争者遗留下来的"空白处",借此来突出自己的价值。

课堂互动

让我们一起讨论,如何找到竞争对手的"空白处"。

1. 广东天气炎热、闷热潮湿,广东人喜欢喝凉茶,以此达到清热、解毒的保健目的。凉茶市场内,王老吉和加多宝作为当前两大竞争寡头,占据近 80% 的份额。你还能找到这两大"巨头"尚未开发的市场空白吗?

2. 在"可乐"市场中,可口可乐与百事可乐是"行业大佬"。如果现在你要做一个关于可乐的创业项目,你会想到哪些"可乐"尚未开发的市场空白呢?

(3)你的项目市场机会为什么大?

创业计划书要给投资者提供企业对目标市场的深入分析。潜在的市场机会要大,但不要太大。这是指市场还没被大多数人发现之前就被创业者看到了,将来这个企业可能会成为市场中具有支配地位的老大或老二。

要细致分析经济、地理、职业以及心理等因素对消费者选择购买本企业产品这一行为的影响,以及各个因素所起的作用。

创业计划书中还应简单描述一下企业的销售战略。例如,企业是使用外面的销售代表还是使用内部职员,企业是使用转卖商、分销商还是特许商,企业将提供何种类型的销售培训等。

智慧链接

深入分析你的目标市场

2013 年,一部讲述美国华盛顿特区政治全景的美剧——《纸牌屋》在美剧迷中悄然走俏。艾美奖的官方刊物盛赞其"具有开创性的改革"。

其实,《纸牌屋》并不是传统意义上的美剧,它由美国视频网站 Netflix 花费 1 亿美元打造,在网络播出,并在一天之内就播完,而且没有广告,震动美国电视圈。现在,《纸牌屋》在全美以及其他 40 个国家已经成为网络点播率最高的剧集之一。

Netflix 之所以成功,是因为它把握了观众的消费心理。突破了传统美剧一周播一集的收视习惯,一次性播出 13 集且去除广告,给观众最好的用户体验,不用一直被吊胃口,把想看什么、什么时候看的控制权还给了观众。

另外,着重开发自制剧,是 Netflix 打造独家优质内容吸引付费用户的另一大举措,摆脱了有限电视的传统格局,突破了传统电视台依赖广告盈利的模式,单纯靠订阅量和订阅费用就足以使它成功。

真诚对待你的目标用户

2021 年"双十一"期间,李佳琦等多位头部主播在 10 月底直播中带货了一款欧莱雅安瓶面膜。欧莱雅宣称该活动促销力度"全年最大",50 片面膜售价仅为429 元。然而,欧莱雅的承诺迅速被"打脸",不少消费者发现,欧莱雅品牌方直播间的同款面膜的售价只有 257 元。于是上万人要求赔偿。很快,欧莱雅道歉,李佳琦等发表声明暂停与欧莱雅的合作。

对此,澎湃新闻在评论中写道:"店铺、平台、品牌方、直播间,还是需要认识到,活动宣称什么,就应该兑现什么,这是最基本的商业规则和契约精神。如果无法兑现或者出现差错,那么就不仅是协商退款和道歉的事,还可能涉嫌虚假宣传。"

人民日报评论部官方微博(@人民日报评论)也以短评做出了批评。短评写道:"双'十一'本该是得实惠的'购物狂欢',而不该成为忽悠消费者的'套路比拼'。"

（4）你的项目遇到风险怎么办？

创业者撰写创业计划书时最容易忽略的是风险防范。因此，创业计划书中除了应该明确企业如何把产品推向市场，企业生产需要哪些原料，企业拥有那些生产资源，还需要什么生产资源等问题以外，还应明确风险应对政策。

（5）为什么这个项目是你们来做？

团队一直都是投资者最为看重的一个因素，很多投资人甚至不看项目只看人，可见团队多么重要。团队要给投资者这样一种感觉："如果这个公司是一支足球队的话，他们就会一直杀入世界杯决赛！"

在创业计划书中，应首先描述一下整个管理队伍及其职责，然后再分别介绍每位管理人员的特殊才能、特点和造诣，特别是企业股东层的履历和背景。创业计划书中还应附上管理目标以及组织机构图，让投资人对公司的架构一目了然。

《中国合伙人》的创业组合

在电影《中国合伙人》中，由黄晓明饰演的成冬青老实质朴，有过人毅力和人格魅力，教学能力强；佟大为饰演的王阳放纵不羁，是个狂想派，美语思维和口语是他的拿手好戏；邓超饰演的孟晓骏则是自尊自傲，有理想有管理才能，对美国情况非常熟悉。三位男主角无论是性格还是拥有的资源都不一样，可是他们结合起来却是一个梦幻般的创业组合。

电影的三位人物原型俞敏洪、徐小平和王强，一起创建新东方外语培训学校，他们是新东方的"三驾马车"。

（6）你的项目用的是什么商业模式？

现代管理学之父彼得·德鲁克说过："当今企业之间的竞争，不是产品之间的竞争，而是商业模式之间的竞争。"你的项目将如何创造价值、如何传递价值、如何获得价值，都是商业模式需要解决的问题。这一部分可以不必在创业计划书中单列一项，但是在写到内部运营、市场营销或者竞争情况时都可加以融合，让投资人一眼看到本项目的收入来源、主要成本以及最为关键的信息——何时通过什么手段盈利。

有趣的商业模式

1. 陪孕师

陪孕师，一个二胎时代应运而生的行业。这个行业在有形的投入方面几乎是零。无需投入场所和资金,需要投入的只是时间、精力和知识。陪孕师不是保姆,他们要做的事情比保姆多得多。除了日常陪伴,还需要提供医疗卫生、安全健康和一系列心理辅导服务。通过高质量的陪伴获得报酬,通过培养高知型的陪孕师使企业获得更多的盈利,是一种新型的商业模式。

2. 监督学习服务

面向"准高三族""出国族""考研族",一种付费提供人工监督学习的服务在网上悄然走红。在某平台上,综合排名最高的店铺,"监督学习"服务的月销售量高达 381 笔,商品累计宝贝评价 786 条。

"监督学习"服务在售价上以天数计费,商家明确标明,单项监督一天收费 6 元、一周收费 38 元,多项任务监督一天收费 11 元、一周收费 72 元,最多可一次拍下多项监督一月,270 元。除监督学习外,该店还提供监督减肥、督促生活工作计划等服务。卖家发送每日计划给监督员,到规定时间,监督员会进行催促和抽查,买家需以拍照、链接、小视频等形式进行打卡反馈,完不成任务还会有相应惩罚,如罚抄写课文,完不成任务就发红包给监督员等。网络监督服务及其个性化,也是一种新型的商业模式。

(7)你的项目摘要足够精彩吗?

著名主持人及作家蔡康永曾经说过:"写作可以留白,电影不能留白。"而一部电影的精彩预告片就更为重要了,它要在 5～10 分钟内狠狠抓住观众的眼球,让观众热血沸腾,迫不及待就想看到正片。一份出色的计划书摘要也要有如此精彩的效果,让读者有兴趣并渴望得到更多的信息,给读者留下长久的印象。一份精彩的项目摘要要使风险投资家有这样的感受:"我已等不及要去读这份创业计划的其余部分了。"

课堂互动

> 回想并分享:有哪一部电影的预告片让你印象深刻,让你迫不及待想看正片?其中哪个镜头最能打动你?

13.2　建立【为什么】的价值观

——解读创业计划书的撰写要点。

创业计划书的主要内容

一份完整的创业计划书应该由封面、计划摘要、产品(服务)介绍、人员和组织架构、行业分析、市场预测、市场分析、竞争分析、营销策略等主要部分构成。

（1）封面。

封面的设计要有审美观和艺术感,同时还要做到要么非常吸引眼球,要么非常贴合主题。一个好的封面会使阅读者产生好感,形成良好的第一印象。封面需要包含的元素有:

① 一幅有关产品或服务的彩色图像;

② 标题:×××公司(×××项目)创业计划书;

③ 团队成员和联系方式;

④ 落款:公司名称;

⑤ 日期。

小·贴士

在选择封面时,色调应尽量符合项目的类别例如,创业项目是属于餐饮类的,可以使用比较鲜艳的色彩搭配;若是电子类、医药类别,则以选用冷色调为佳。

项目名称应具有联想性,建立与产品之间的联系,使投资人一看名称就大概能了解你的项目主题。当然,项目名称最好易懂易记、有创新性和记忆点,这样才能使投资人过目不忘。

封面的纸质要坚硬耐磨,尽量使用彩色纸张,以增加文件的外观吸引力,但颜色不要过于耀眼。

（2）计划摘要。

计划摘要涵盖了计划书的要点,是浓缩了的创业计划书的精华。在编写计划摘要时,以一目了然为原则,以方便阅读者能在最短的时间内评审计划并做出判断。计划摘要必须认真书写,保证内容全面,以吸引投资者关注。

创业计划摘要内容包括:

① 项目简介;

② 市场分析;

③ 公司现状;

④ 管理策略;

⑤ 盈利模式;

⑥ 营销策略;

⑦ 财务分析;

⑧ 风险分析;

⑨ 创业团队。

摘要的篇幅很短,要表达的内容却不少,关键在于使项目价值尽早呈现。所谓浓缩便是精华,计划摘要要尽量简明、生动,特别要说明所创办的企业与同行业其他企业的不同之处,以及创业企业能够在市场中获取成功的主要因素。

(3)产品(服务)介绍。

在进行投资项目评估时,投资人最关心的问题之一就是风险企业的产品、技术或服务是否具有独特性,是否能尽快占领市场。因此,产品介绍是创业计划书中必不可少的部分。

产品(服务)介绍内容包括:

① 产品的概念、性能及特性;

② 产品的研究和开发过程;

③ 产品的市场竞争力;

④ 产品的市场前景预测;

⑤ 发展新产品的计划和成本分析;

⑥ 产品的品牌和专利。

在产品(服务)介绍部分,创业者要用通俗易懂的语言,对产品(服务)做出详细、准确的说明,达到让非专业人员的投资者都能看明白的目的。毕竟创业者对产品或服务甚至行业的熟悉程度来源于前期大量的调查研究,而投资人却不然。一般情况下,产品介绍都应附上产品原型、照片或其他介绍。

知识拓展

什么是产品原型

所谓产品原型,不一定是产品的"实体"。一般来说,产品原型可以通过图像原型、视频原型、拼凑式原型等方式呈现。

产品原型最大的作用在于验证假设,同时帮助创业者增加创业计划书的可信度,在路演过程中尤为重要。以 APP 开发类型的创业公司为例,在创业初期企业可能没有足够的成本开发完整的 APP,这个时候可以通过图像、影像的展示,使投资人明白这个 APP 的主要功能和特性。如果已经有一定运营资金的企业,可以开发半成品供投资人体验,效果更佳。

(4)人员和组织架构。

一个企业除了拥有产品外,人员也是不可缺少的。企业管理层人员素质的高低和组织架构是否合理,直接决定了企业经营风险的大小。因此,风险投资家会特别注重对管理队伍的评估。

在创业计划书中,必须对创业团队的核心成员进行介绍,包括他们所具有的能力,他们在本企业中的职务和工作经验,他们过去的详细经历及背景等。除此之外,在这部分中,还应对公司结构做简要的介绍,包括公司的组织结构图、各部门的负责人及主要成员、公司的董事会成员等,如图13-1所示。

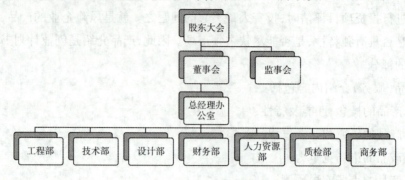

图13-1　公司组织结构

(5)行业分析。

在行业分析中,应该正确评估所选行业的基本特点、竞争状况以及未来的发展趋势等内容。以下内容是应该仔细思考并写进计划书。

① 该行业发展程度如何? 现在的发展动态如何?

② 创新和技术进步在该行业扮演着怎样的角色?

③ 该行业的总销售额有多少? 总收入为多少? 发展趋势怎样?

④ 经济发展对该行业的影响程度如何? 政府是如何影响该行业的?

⑤ 竞争的本质是什么? 你将采取什么样的战略?

⑥ 进入该行业的障碍是什么? 你将如何克服? 该行业典型的回报率有多少?

(6)市场预测。

在创业计划书中,市场预测应包括:

① 需求预测;

② 市场现状综述;

③ 竞争厂商概览;

④ 目标客户和目标市场;

⑤ 本企业产品的市场地位。

创业者进行市场预测时,首先要对需求进行预测,了解市场是否存在需求以及需求程度如何,市场规模有多大,影响需求的关键因素等。其次,市场预测还包括对市场竞争情况的分析,如主要竞争对手有哪些,本企业预计的市场占有率是多少,本企业进入市场会引起竞争者怎样的反应等。

在创业计划书中,创业者还应阐明竞争者给本企业带来的风险以及本企业采取的策略。投资风险描述得越详细,就越容易引起投资者的兴趣。

(7)市场分析。

在创业计划书中,市场分析应包括:

① 宏观环境分析；

② 市场需求分析；

③ 目标客户分析；

④ 市场可行性分析。

所谓宏观环境分析,也可称行业分析,主要介绍行业发展趋势、行业发展中存在的问题、国家有关政策、行业主要盈利模式、市场策略等。

市场需求分析首先要对需求进行预测,了解市场是否存在需求以及需求程度如何、市场规模有多大、影响需求的关键因素等。

目标客户分析指的是描述细分的目标市场与客户,包括显性客户和潜在客户。

市场可行性分析是对市场容量的估算和趋势的预算,估算市场份额和销售量,预测市场规模与发展前景等。

(8)竞争分析。

这一部分既可以放在市场预测内作为其中一个视角,也可以把它列为单独的一项放在创业计划书内,按顺序依次分析项目的市场竞争力情况。通过多种工具分析(如波特五力分析)、竞争优劣势分析、市场需求分析、目标客户分析、市场可行性分析等,从宏观到直观再到微观,最后得出结论。例如,主要竞争对手有哪些,有没有竞品,本企业预计的市场占有率是多少,本企业进入市场会引起竞争者怎样的反应等。

在创业计划书中,创业者还应阐明本企业的核心竞争力和竞争优势。分析竞争者给本企业带来的风险以及本企业采取的策略。竞争分析部分容易被创业者所忽略,但却是投资者非常感兴趣的部分。创业者可以多运用 SWOT 分析法彻底分析企业的优势、劣势、威胁和机会。

(9)营销策略。

营销是企业经营中最富挑战性的环节。在创业计划书中,营销策略应包括以下内容:

① 市场机构和营销渠道的选择；

② 营销队伍的管理；

③ 促销计划和广告策略；

④ 价格策略。

对创业企业来说,由于产品和企业基本无知名度,很难进入其他企业已经稳定的销售渠道。因此,企业不得不暂时采取高成本低效益的营销战略,如广告策略,大打商品广告；价格策略,向批发商和零售商让利等。

(10)生产制造规划。

创业计划书中的生产制造规划应包括:

① 产品制造和技术设备现状；

② 新产品的投产计划；

③ 技术提升和设备更新的要求；

④ 产品各项固定成本与变动成本的说明；

⑤ 详细生产成本的预估；

⑥ 质量控制和质量改进计划。

在寻求资金的过程中，为了增加企业在投资前的评估价值，创业者应尽可能地使生产制造规划更加详细、可靠。一般来说，创业者在编写生产制造规划前应回答以下问题：

①企业生产制造所需的厂房、设备情况如何？

②生产线的设计与产品组装是怎样的？

③生产周期标准的制订以及生产作业计划的编制如何？

④设备的引进和安装情况，谁是供应商？

⑤供货者的前置期和资源的需求量如何？

⑥物料需求计划及其保证措施如何？

⑦质量控制的方法是怎样的？

⑧怎样保证新产品在进入规模生产时的稳定性和可靠性？

(11)财务规划与报酬分析。

财务规划一般要包括：

① 创业计划书的条件假设；

② 预计的资产负债表；

③ 预计的损益表；

④ 现金收支分析；

⑤ 资金的来源和使用。

财务规划的重点是资产负债表、利润表（也称损益表）、现金流量表的编制。

企业的财务规划应保证和创业计划书的假设相一致。事实上，财务规划和企业的生产计划、人力资源计划、营销计划等是密不可分的。要完成财务规划，必须明确以下问题：

①每件产品的生产费用是多少？

②每件产品的定价是多少？

③什么时候开始产品线扩张？

④使用什么分销渠道，所预期的成本和利润是多少？

⑤雇佣何时开始，工资预算是多少？

此外，报酬分析的主要内容包括：

① 未来五年的损益平衡分析；

② 投资报酬率预估；

③ 未来融资计划；

④ 投资者回收资金的可能方式、时机；

⑤ 获利情况。

（12）风险评估。

风险评估、分析及应对是创业计划书中最重要的部分之一，却往往容易被创业者所忽略。风险评估旨在详细说明公司在运作过程中可能遇到的各种风险，并估计其严重性发生的概率，然后提出相应的解决方法。常见的风险包括以下内容：

① 资源限制的风险；

② 市场不确定性带来的风险；

③ 管理经验限制的风险；

④ 关键管理者的风险；

⑤ 不可抗力的风险。

风险分析是为确认投资计划可能伴随的风险，并以数据方式衡量风险对投资计划的影响。分析风险的最终目的是向投资者说明风险的对应策略，包括两个方面：事前的规避计划，主要是针对可能会出现的风险和问题进行预先评估，提出规避措施；对事后可能会出现的危机做出判断，订立公关处理手段，设计事后的退出机制，如列明风险资本退出的机制，包括时间和方式。

（13）申报表与附录。

不论是参加创业比赛，还是在创业过程中递交创业计划书，都应该有附录部分，它应与创业计划书主体部分一起装订成册。创业项目的资质、经历、现阶段成果、调查调研结果及团队成员经历介绍均可以放在这一部分作为一个有价值的参考，具体内容如下：

① 公司相关的资质材料：如营业执照复印件、产品专利相关材料等；

② 生产、技术和服务相关的技术资料，如设备清单、产品目录等；

③ 市场营销相关材料，如主要客户名单等。

如果是参赛项目，除了附录以外，还应该准备一份申报表（不论赛制是否要求），在申报表中用 200～300 字左右的篇幅简单说明本项目的主营业务以及现今所取得的主要成绩。

小贴士

创业计划书每个章节之间应设计过渡页，过渡页的版式与内容没有固定要求，尽量能做到醒目亮眼，能一下子吸引别人注意为佳。

在过渡页当中，可以把一些项目原型或者项目关键字放在中心处，使投资人一眼便留意到关键信息。例如，在一个社交 APP 项目中，过渡页可以放置下载 APP 的二维码，在下一个过渡页中可以简单用图像表达如何使用这款 APP。

13.3　建立【怎么做】的方法论

——创业计划书撰写相关练习。
——践行知行合一的行动学习。

知行合一的定义

知行合一,由明朝思想家王守仁提出,即认识事物的道理与实行其事,是密不可分的。知是指内心的觉知,对事物的认识;行是指人的实际行为。知行合一是中国古代哲学中认识论和实践论的命题,主要是关于认知实践方面的。主要包含以下两层意思。

1.知中有行,行中有知

王守仁认为知行是一回事,不能分为"两截"。"知行原是两个字,说一个工夫"。王守仁极力反对知行脱节及"知而不行",二者互为表里,不可分离。知必然要表现为行,不行不能算真知。王守仁认为:良知,无不行,而自觉的行,也就是知。这无疑是有其深刻之处的。

2.以知为行,行为知成

王守仁说:"知是行的主意,行是知的工夫;知是行之始,行是知之成"。意思是说,认知是人行为的指导思想,按照认知的要求去行动是达到"良知"的工夫。在认知指导下产生的意念活动是行为的开始,符合认知要求的行为是"良知"的完成。

(资料来源:百度百科)

"知行合一"论的现实意义

王阳明"知行合一"论的现实意义,我们可从以下两点去理解。

第一,王阳明"知行合一"力行实践的精神为我们提供了一种科学务实的思维方法和精神动力。王阳明的"知行合一"论,虽然从本质上说是一种道德修养论与道德实践论,但从儒家"修己以安百姓"和"内圣外王"的思维逻辑与思想传统而言,其道德修养必定要落实到政治实践和社会治理上,所以又是一种政治学说。王阳明所讲的"知行"关系,从现代扩展的意义而言就是理论与实践的关系,所谓"知行合一",就是理论与实践相统一。

第二,提倡"知行合一",有助于在新的形势下推进中华优秀传统文化的传承发展,促进"人文化成"。所谓"文化",按古人的定义是"人文化成",即以人文精神教育人民,养成良好社会风尚。王阳明的"致良知""知行合一"学说,重点放在"行"上,奉行的是文德教化理念,强调的是理论与实践的统一,对于发挥"人文化成"作用,推进全民道德教育能起到积极作用。

(资料来源:吴光,《"知行合一"的内涵与现实意义》)

附录

练习1

通过任务12和任务13有关创业计划书的准备与写作方法的学习,我们已经基本掌握了相关要点,接下来,请同学们填写表13-1~表13~7,对自己的创业项目构思进行梳理,初步形成创业计划书的雏形。

表 13-1　创业项目概况

	1.	
	2.	
创业项目主营范围	3.	
	4.	
	5.	
创业项目类别		
企业名称		
初创企业的规模		
计划启动资金		

表 13 – 2　市场评估

目标客户	1.	2.	3.
市场占有率			
市场容量的变化趋势			

表 13 – 3　竞争对手调研

竞争对手名称	竞品	优势	劣势
1.			
2.			
3.			
4.			

表 13 – 4　营销计划

产品或服务	价格	选址	销售方式	促销
1.				
2.				
3.				
4.				
5.				
6.				

表 13 - 5　企业组织结构

职务	姓名	教育程度	经历	薪酬

表 13 – 6　成本与收益

（单位:万元）	第一年	第二年	第三年	第四年	第五年
净收入					
工资					
固定资产折旧					
动态运营成本					
利润					
税费					
净收入					

表 13 – 7　现金流量计划

（单位:万元）	第一年	第二年	第三年	第四年	第五年
现金流入					
现金流出					
月底现金					

练习2

列出你的创业计划书目录(含三级标题),如:

第一部分　行业分析

1.1　×××行业现状

　　1.1.1　业内主要企业

　　1.1.2　行业内初创公司规模

　　……

第二部分　市场分析

2.1　目标客户群体

　　2.1.1　目标客户群体概况

　　2.1.2　目标客户群体需求

　　……

2.2　竞争对手

　　……

练习3

请使用 SWOT 分析法评估你的创业计划。形成创业计划书雏形以后,请各团队按照 SWOT 分析法,分析自己创业计划中的 S(Strengths)优势、W(Weaknesses)劣势、O(Opportunities)机会、T(Threats)威胁,并把分析结果绘制成表格或图片,提交到学习平台。

练习4

请以团队为单位,撰写你的书面版创业计划书,并提交到学习平台。

练习5

请制作创业计划书路演 PPT,并以团队为单位进行项目汇报,每组汇报时间 10 分钟。

育苗子

💡 **项目导读**

接下来,我们要将前面所有的学习成果落到实处,优化自己的创业计划书,带着自己的创业项目去参加创业大赛。在大赛中提升,在磨砺中成长,作为一名创业者,获得全方位的发展。

任务 14　优化创业计划书

【思政燃灯】

将工匠精神贯穿在学习训练中。

14.1　了解优化创业计划书的意义

四川大学学生创业计划"卖"2200 万元

　　十个四川大学的学生组建了一个创业团队,在"挑战杯"中国大学生创业计划竞赛中获得金奖,并赢得 2200 万元的风险投资。四川大学 2003 级本科生刘宗锦是这个 10 人创业团队——UP 创业团队的领头人。当她准备参加第五届"挑战杯"中国大学生创业计划竞赛时,她怎么也没有想到,几个月后,她带领一支主要由硕士、博士组成的团队参加全国大赛,并最终获得大赛金奖。

　　刘宗锦成功组建了这支创业团队后,首先要做的是寻找项目,团队队员几乎浏览了所有的科技网站,并一次次前往成都各大科研院所。最后,在一名老师的指引下,他们去了四川大学的国家大学科技园,并在科技园孵化部经理王黎明的推荐下,选择了一个已进入中试的项目——食用菌废弃物循环利用项目。这是四川大学公共卫生学院教师宋戈扬的专利项目,四川大学科技园已经对此项目进行了中期实验,并且有实验基地。刘宗锦等人拿到这个项目后,来自管理、市场营销、卫生检验等专业的学生们开始做起第一份创业计划书。

　　经过两个月精心准备,UP 创业团队的"食用菌废弃物循环利用项目"首先获得 2006 年学生课外学术科技节"挑战杯"创业计划竞赛一等奖。接下来,又被四川大学选送参加全省的创业设计竞赛,获得了银奖。最后,在第五届"挑战杯"中国大学生创业计划竞赛上,UP 创业团队再次获得金奖。

　　参赛过程中,队长刘宗锦被认为非常善于利用资源。因为"食用菌废弃物循环利用项目"是一个环保项目,她就和队员一起找到一名联合国地球奖的获得者为该项目写说明,还请到四川大学校长谢和平为他们的创业计划写了一封信。

大学生的努力是能转化成财富的,并且是用科技、用大脑把无形的东西转化成巨额的财富。一些创业者凭借一份创业计划书就能筹得大笔资金的奇闻逸事不断在满怀激情的潜在创业者之间流传。再加上风险投资公司和公共风险投资机构的推动,很多人认识到创业计划书对成功创业的重要战略意义。

1. 创业计划书是创业者创建企业的蓝图

创业计划书是创业者将要创建企业的具体计划,是创业者实现创业理想和希望的具体实施方案。一份优秀的创业计划书为创业者的创业行动提供了一幅清晰的图画,是一份全方位的规划。它从企业内部的人员、制度、管理以及企业的产品、营销、市场等各个方面对即将展开的商业项目进行全面的可行性分析。

2. 创业计划书是获得创业投资的敲门砖

一个好的项目需要融资时,仅仅靠创业者口头许诺和述说是不可能赢得潜在投资者的信任的,也不可能激发他们对创业项目的兴趣。对于正在寻求资金的创业企业来说,创业计划就是企业的价值公告,是初步连接创业者和潜在投资者之间的桥梁,是通向成功的一个跳板。创业计划书的好坏往往决定了投资交易的成败。

3. 创业计划书是创业者沟通理想与现实的桥梁

对初创企业来讲,创业计划书需要说明创业的基本思想,确定最终要达到的目标,描述现在的起点和概述如何达到目标,分析影响成败的因素,通过制订创业计划,把优势、劣势都列出来,再逐条推敲。并且在撰写创业计划书的过程中,会对产品、市场、财务、管理团队等进行进一步的分析和调研,一份优秀的创业计划书能及早发现问题,进行事前控制,放弃一些不可行的项目,完善可行的项目,提高创业成功率。

美国朗讯科技公司 CEO 克利福德·肖勒(CliffordSchorer)接受采访时曾经说:"当我在哥伦比亚大学商业计划竞赛中担任评委时,我首先会阅读执行摘要,接着是财务部分的内容。当他们提出的概念让我感兴趣时,我才会花时间去认真阅读整个计划。我们从头到尾差不多看了 100 份商业计划,说实话,阅读这些计划非常困难,在这些计划中只有 5% 让我感兴趣并想给他们投资。他们构想的确实是一份详细的商业计划。"

14.2　根据项目的产品类型选择创业计划书的基本框架

现在,同学们应该都拥有了自己团队的创业计划书了。在这个步骤里,我们将重新审视和进一步优化我们的创业计划书。

首先,请回顾创业计划书的商业模式和主营业务,选定对应的计划书框架,见表14-1和表14-2。

表14-1　产品类创业计划书的基本框架

执行概要	机会、企业概述、商业模式
新创企业描述	任务说明、产品、服务、企业规模、办公设备和人事、创业者背景
环境和行业分析	未来前景和趋势、竞争分析、行业和市场预测
生产计划	生产流程、物资设备、机器设备、原材料供应商
运营计划	企业运营描述、产品/服务的订单流程、技术利用
市场营销计划	定价、分销、促销、产品预测、控制
组织计划	所有权结构、合伙人或主要股东信息、组织结构、组织成员的任务和责任
风险评估	企业潜在风险、风险的后果、应对措施
财务计划	资金需求、资金使用计划、财务预测、财务分析
附录	高层管理团队简历、产品或产品原型的图示或照片、契约或合同、市场研究数据

表14-2　服务类商业计划书的基本框架

封面与目录	
项目摘要	公司概要、产业发展、产品(技术)及服务、融资计划、财务预算等说明
公司情况	公司成立、历史沿革、股权结构、公司现况、商业模式……
产品(技术)和服务	产品(技术)描述、生产技术、工艺技术、研发能力介绍、专利说明……
产业与市场	市场概况、目标对象、产业分析、竞争分析、营销规划……
团队与管理	组织架构、高管学/经历说明、管理规章制度介绍、公司的激励方案说明
募集资金用途	经营目标、资金使用计划、执行进度与控管
财务能力分析	3年内的经营历史数据说明、未来财务预算(3年)/损益表/资产负债表
风险规避说明	政策风险、管理风险、产业风险、技术风险、市场风险、财务风险
附录	审查报告、章程、验资报告、合同、产权……

14.3　根据创业项目的成熟程度确认创业类型

根据创业项目的成熟程度,可分为创业计划型项目、创业实践型项目以及企业型创业项目。

1. 创业计划型项目

以项目成员的创意为核心,注重考察项目成员关注社会民生、解决社会问题的能力和水平,兼顾对项目商业价值的评价。

2. 创业实践型项目

关注已投入实际创业 3 个月以上,以经营状况、发展前景等作为参赛项目的主要评价内容,一般应具有企业营业执照等。

3. 企业型创业项目

一般依托已开创企业的新业务、新项目开展,在创业计划书的打造中,注重考核企业或者项目原有基础的运用、项目的组织、协调能力以及新开创项目的合理性、发展性等。

小·贴士

1."互联网+"创业大赛有如下赛道。

(1)高教主赛道(创意组、初创组、成长组、师生共创组):中国大陆参赛项目设金奖 50 个、银奖 100 个、铜奖 450 个,中国港澳台地区参赛项目设金奖 5 个、银奖 15 个、铜奖另定。另设最佳带动就业奖、最佳创意奖、最具商业价值奖、最具人气奖各 1 个;设高校集体奖 20 个、省市优秀组织奖 10 个(与职教赛道合并计算)和优秀创新创业导师若干名。

(2)国际参赛:项目设金奖 40 个,银奖 60 个,铜奖 300 个。

(3)青年红色筑梦之旅赛道:设金奖 15 个、银奖 45 个、铜奖 140 个。设"乡村振兴奖""社区治理奖""逐梦小康奖"等单项奖若干。设"青年红色筑梦之旅"高校集体奖 20 个、省市优秀组织奖 8 个和优秀创新创业导师若干名。

(4)职教赛道:设金奖 15 个、银奖 45 个、铜奖 140 个。设院校集体奖 20 个、省市优秀组织奖 10 个(与高教主赛道合并计算),优秀创新创业导师若干名。

(5)萌芽赛道:设创新潜力奖 20 个和单项奖若干个。

2."挑战杯"中国大学生创业计划竞赛将创业项目类型分为:"挑战杯"中国大学生创业计划竞赛(小挑)、创业实践挑战赛、公益创业赛、专项赛等。

讨论并分享：根据创业项目的成熟程度，你的项目可选择什么类型？

14.4　具体优化创业计划书的内容

1.封面内容

封面内容，如图 14 - 1 所示。

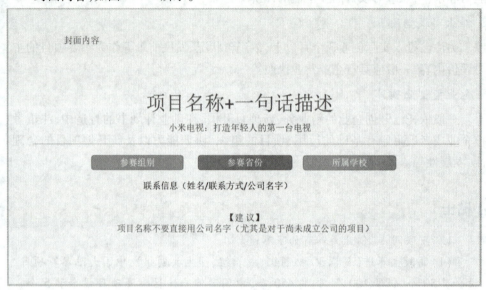

图 14 - 1　封面内容

2.正文内容

（1）分析行业背景和市场现状——Why/Why Now？

①项目相关的行业背景、市场发展趋势、市场空间。行业市场分析要具体且有针对性，要与所要做的事紧密相关，避免空泛论述。

②描述在目前市场背景下，发现了一个什么样的痛点（市场需求点/机会点）。在分析时，如已有相关的产品或服务，请对已有的产品或服务做简要的对比分析，表明当前项目的差异化机会。

③请说明目前是做该项目的正确时机。

（2）讲清楚要做什么——What？

用一句话讲清楚做什么事，最好能配上简单的产业链上下游图，或产品功能示意图、简要流程框图等，让人对要做的事一目了然，PPT 避免大段文字。

（3）如何做以及现状——How？

①讲清楚有什么样的解决方案或者什么样的产品能够解决发现的痛点（市场需求点/机会点），方案或者产品是什么，提供了怎样的功能。

②明确产品将面对的用户群是谁,要有清晰的目标用户群定位。

③说明产品或解决方案的竞争力。为什么这件事情你能做而别人不能做,或者为什么你能比别人干得好;你特别的核心竞争力是什么;项目与众不同的地方是什么,如是否具备科技成果转化背景或拥有有价值的知识产权等。

④说明未来如何实现盈利,即商业模式。如果商业模式还处于雏形阶段或较早期,请说明产品/解决方案对用户的确切价值,且能做大规模。

⑤横向竞品对比分析。选取关键维度做对比分析,要客观真实。

⑥产品/解决方案的研发、生产、市场、销售等环节相关策略。如果项目处于创意阶段或较早期,该部分市场、销售等不是重点,简要说明即可。

⑦目前阶段已达成的关键指标。其中,产品、研发、销售等环节的进展尽量用数据说明。

(4)项目团队——Who?

①团队的人员规模组成。

②团队主要成员分工、背景和特色,并说明个人能力与岗位的匹配度。

③团队的核心竞争优势。

(5)财务预测与融资计划——How much?

①未来 1 年左右项目收支状况的财务预估。

②未来 6 个月或 1 年的融资计划,需要多少资金、释放多少股份、用这些资金干什么、达成什么目标等。

③目前的估值及估值逻辑。估值逻辑的说明方式有:基于市盈率×利润、基于市销率×销售收入、基于对标等。

④之前的融资情况,如果有的话。

14.5　创业计划书优化原则

1. 简明扼要

撰写创业计划书的目的是获得风险投资,或是向合作者展示企业的发展思路。因此,在表达时要开门见山地切入主题,用真实、简洁的语言描述创业想法,不要过多赘述与主题无关的内容。

2. 层次清晰

编制创业计划书最好的方法是将计划书分成几个层次,每个层次都有明确描述的主题、一些详细的计算过程或分析步骤可以放在计划书的附录中。这样可以让读者能够尽快掌握创业计划书的基本要点,了解支持创业主题成立的要素。

3. 客观公正

创业计划书应实事求是,要体现项目的真实情况,包括企业可能面临的风险。创业者一定要从客观实际出发,明确指出企业的市场机会、竞争威胁、潜在风险,而不是用夸张的措辞来炫耀市场是多么的巨大。尤其是计划书中出现的数据、案例，要客观、实际，并尽量以具体资料为依据，切勿主观臆造。

实训活动

在创业比赛中优化创业计划书

一、活动参与人数

以学习小组为单位展开，团队人数参照比赛的具体要求。

二、活动场地和道具

教室、工作坊等场地，准备纸、笔、电脑等工具。

三、活动组织

以小组形式完成。

四、活动步骤

1. 按照前期教学内容确定的创新创业项目为计划书蓝本。

2. 以成立的团队为单位，CEO 负责分配撰写任务。

3. 按照创业计划书的撰写技巧和要求，撰写创业计划书。

4. 计划书完成后，在课堂进行展示。以小组为单位，选出代表进行发言，由各团队 CEO 作为评审互评创业计划书并评分。

5. 老师进行最后的总结及点评。

五、活动交流与讨论

1. 创业计划书对创业企业的必要性是什么？

2. 你的项目是否进入一个堵塞的市场？

3. 如果成本翻番，这还是一份好的创业计划吗？

六、活动体验记录与分享

七、活动点评

创业计划书将创业者有关创业的诸多想法借由文书的形式表现出来，是创业准备阶段的灵魂。通过撰写创业计划书，创业者将体验到创业过程中准备创业计划书的意义和重要性。同时，团队合作、分工完成的实训可以提升学生组织能力、表达能力、沟通协调能力、团队合作精神。

14.6　创业计划书的自查以及评价

1. 创业计划自查

创业计划书的撰写是系统思考创业项目的过程。在完成创业计划书后，需要进行自查，主要包括：商业计划书目录是否完整；摘要部分是否亮点突出，能抓住投资者兴趣;概念是否浅显易读;是否逻辑清晰、论据充足、推理严谨;当投资者对某部分内容有兴趣时,是否可以直接根据目录进行翻阅。

正文部分要检查的内容很多,可是由于创业者是初次尝试撰写,可能对内容不熟悉,或者对国家相关法律法规不清楚,再或者缺乏财务方面的专业知识等,会存在一些共性问题。表14-3将创业计划书常见问题与对策进行了总结,以便使创业计划书更完善。

表14-3　创业计划书常见问题与对策

模块	常见问题	应对策略
企业概况	企业名称不符合要求,或者特许经营范畴的项目未经过授权,或者注册资金选择不符合相关规定	学习相关政策和关注相关规定
产品和服务	技术不过关,未提供专利证明或未提供技术授权,缺乏售后服务的考虑	保证技术已经通过中试或终试,提供技术授权书或者转让证书,与客户建立良好信任关系
商业构想和市场分析	目标客户人群不准确,市场调研不深入,对竞争对手不了解	采用规范方法调研与论证,收集与分析竞争对手信息针对性地制订营销策略
企业选址	选址不方便目标人群,或者成本太高	做好调研,以4C角度选址,即客户、价格、方便和沟通
营销方式	定价过低、市场推广方法单一,营销策略急于求成	基于调研和分析准确定价,市场推广多元化,慢慢累积客户
法律形式	对法律专业知识不够了解	多了解法律知识,向专业人士请教
股份构成	要么是股东一家独大,要么是股东过于分散	确定合理的利益分配机制,设置恰当的股份结构
组织架构和创业团队	成员背景单一,团队分工不合理	尽量吸取不同专业、不同性格、不同特长和不同资源的人合作
成本预测	成本预测过高或者成本预测过低	详细调研考察和精确分析,请教行内专家
现金流管理	现金支出估计不足,未留一部分的风险资金	预留风险资金,全面考虑可能的支出
赢利情况	对于预期赢利情况估计过分乐观	理性预测赢利
资产负债表	缺乏专业的财务知识,资产负债表的资产与负债不平,利润表和现金流量表的钩稽关系错误	向专业的老师或者财务人员进行请教

2.创业计划书评价

创业计划书的评价要素一般包含:创业计划的完整性和可行性,创业项目的市场前景和经济效益,创业项目的技术含量和创新之处,创业项目的团队管理和资金来源。下面将从投资者角度介绍评价标准。

(1)执行概要(10%):内容言简意赅,重点和亮点突出,能抓住投资者兴趣。

(2)企业描述(5%):清晰描述企业的当前现状和发展战略,所提供产品及服务的优势和价值。

(3)市场分析(10%):市场分析内容全面完整且方法使用得当。

(4)研发计划(10%):准确介绍产品基本信息、研究开发过程和市场发展前景等。

(5)营销活动(10%):根据目标市场情况和客户消费特点,结合企业实际合理制订营销计划。

(6)组织管理(10%):人员分工合理,团队协作能力强。

(7)运营计划(10%):生产运营安排恰当,选址合理,运管策略可操作性强。

(8)财务分析(10%):准确搜集财务数据,计算预测合理。

(9)可行性分析(20%):全面描述市场机会、竞争优势、团队管理能力、财务指标预算和投资潜能,准确预估可能的风险和阐述应对措施。

(10)创业计划书写作(5%):条理清晰且简单易懂,介绍详略得当。

课堂活动

模拟演练

以小组为单位,就撰写的创业计划书制作PPT并在班级内进行汇报展示。

抽签并进行小组互评,具体包括:(1)确定评价标准和理由;(2)给出评价结果和说明。

投票选出一份大家认为最好的创业计划书,并说明原因。

找到2～3份创业计划书拥有的共同问题,指出问题并给出优化意见和建议。

实践练习

深度访谈——对话创业者

与五名创业者交流,了解他们为什么有或者没有创业计划书。

对于有创业计划书的创业者,深度了解他们是什么时候写的,写创业计划书的目的是什么,是否真的被执行了,是否随着计划的执行而做到了及时修改等。你还可以根据学习需要,提出更多的问题。

任务 15　申报创业大赛

【思政燃灯】

知行并进，躬行实践。

15.1　了解大学生创业大赛简史

以创业计划大赛为载体的青年创业热潮已成为近几年发达国家经济发展的直接驱动力之一，大大推动了高科技产业的发展，网景通信、Excite 搜索引擎、雅虎等公司都是在美国的大学创业竞赛氛围中诞生的。"创业计划大赛"起源于美国，也叫"商业计划大赛"，自 1983 年德州大学奥斯丁分校举办首届创业计划大赛以来，美国已有包括麻省理工学院、斯坦福大学等世界一流大学在内的诸多大学举办这一年度竞赛。近年来，"创业计划大赛"在世界各地的高校中蓬勃开展，在中国高校内也得到了普遍推广。

创业大赛的核心部分是撰写创业计划书，一份完善、科学、务实的计划书就是创业者坚实的"创业基石"。但是，很多创业者由于受到知识、经验的限制，存在对目标市场和竞争对手缺乏了解、分析时采用的数据经不起推敲等诸多问题。这些问题不解决好，大赛创业只能是纸上谈兵。

目前，我国在国家层面开展的最主要的大学生创业大赛是"挑战杯"中国大学生创业计划竞赛和中国"互联网＋"大学生创新创业大赛。"挑战杯"分为"大挑"和"小挑"，从 1989 年首届开始以来，每两年交叉举行。而"互联网＋"大学生创新创业大赛自 2015 年举办以来，每年举行一届，大赛采用校级初赛、省级复赛、全国总决赛三级赛制。

中国"互联网＋"创新创业大赛

2015 年由李克强总理亲自提议，由教育部与政府、各高校共同主办。大赛旨在深化高等教育综合改革，激发大学生的创造力，培养造就"大众创业、万众创新"生力军；鼓励广大青年扎根中国大地，了解国情民情，在创新创业中增长智慧才干，在艰苦奋斗中锤炼意志品质，把激昂的青春梦融入伟大的中国梦。

大赛的举办掀起了大学生创新创业的热潮，已经成为覆盖全国所有高校、面向全体大学生、影响最大的赛事活动。大赛响应了国家大众创业万众创新和创新驱动发展战略的要求,促进了产学研用紧密结合,带动了高校创新创业教育改革不断深化。

2020年11月17—20日,第六届中国国际"互联网+"大学生创新创业大赛在广东华南理工大学举行。报名参赛项目与报名人数再创新高,内地共有2988所学校的147万个项目、630万人报名参赛;包括内地本科院校1241所、科研院所43所、高职院校1130所、中职院校574所。

党中央、国务院高度重视大学生创新创业工作,习近平总书记指出:"全社会都要重视和支持青年创新创业,提供更有利的条件,搭建更广阔的舞台,让广大青年在创新创业中焕发出更加夺目的青春光彩。"

中国"互联网+"创新创业大赛的赛程设置如下。

1.国赛:每年6月底,各省(区、市)将作品统一报送全国组委会办公室。

2.省赛:每年3月底,由各高校向共青团省委员会报送作品,由省组委会组织书面评审和秘密答辩。5月出结果。

3.校赛:

(1)提前一年9月,校赛启动;

(2)提前一年10月,报名截止;

(3)提前一年12月,提交"创业计划书";

(4)当年1月,初赛结束;

(5)当年2月,复赛;

(6)当年3月,决赛,遴选出参加省赛的作品。

(大赛官网:https://cy.ncss.org.cn/)

"挑战杯"中国大学生创业计划竞赛

"挑战杯"是"挑战杯"全国大学生系列科技学术竞赛的简称,是由共青团中央、中国科协、教育部、全国学联和地方省级政府共同主办的全国性的大学生课外学术实践竞赛,是一项具有导向性、示范性和群众性的全国竞赛活动。

"挑战杯"竞赛共有两个并列项目,一个是"挑战杯"中国大学生创业计划竞赛(简称"小挑");另一个则是"挑战杯"全国大学生课外学术科技作品竞赛(简称"大挑")。这两个项目的全国竞赛轮流开展,每两年举办一届。

竞赛借用风险投资的运作模式,要求参赛者组成优势互补的竞赛小组,提出一项具有市场前景的技术、产品或者服务,并围绕这一技术、产品或服务,以获得风险投资为目的,完成一份完整、具体、深入的创业计划。

竞赛采取学校、省(自治区、直辖市)和全国三级赛制,分预赛、复赛、决赛三个赛段进行。

大力实施"科教兴国"战略,努力培养广大青年的创新创业意识,造就一代符合未来挑战要求的高素质人才,已经成为实现中华民族伟大复兴的时代要求。作为学生科技活动的载体,创业计划竞赛在培养复合型、创新型人才,促进高校产学研结合,推动国内风险投资体系建立方面发挥了越来越积极的作用。

（大赛官网：http://www.tiaozhanbei.net/）

"创青春"全国大学生创业大赛

"创青春"是"创青春"全国大学生创业大赛的简称,是"挑战杯"中国大学生创业计划竞赛的改革提升。2013 年 11 月 8 日,习近平总书记向 2013 年全球创业周中国站活动组委会专门致贺信,特别强调了青年学生在创新创业中的重要作用,并指出全社会都应当重视和支持青年创新创业。党的十八届三中全会对"健全促进就业创业体制机制"做出了专门部署,指出了明确方向。为贯彻落实习近平总书记系列重要讲话和党中央有关指示精神,适应大学生创业发展的形势需要,共青团中央、教育部、人力资源和社会保障部、中国科协、全国学联决定,在原有"挑战杯"中国大学生创业计划竞赛的基础上,自 2014 年起共同组织开展"创青春"全国大学生创业大赛,每两年举办一次。

（大赛官网：http://www.chuangqingchun.net/）

中国创新创业大赛

中国创新创业大赛是由科技部、财政部、教育部、国家网信办和中华全国工商业联合会共同指导举办的一项以"科技创新,成就大业"为主题的全国性创业比赛。大赛秉承"政府主导、公益支持、市场机制"的模式,既有效发挥了政府的统筹引导能力,又最大化聚合激发了市场活力。为落实党中央、国务院提出的"大众创业、万众创新"的重大部署,深入实施创新驱动发展战略,中国创新创业大赛聚集和整合各种创新创业资源,引导社会各界力量支持创新创业,搭建服务创新创业的平台,弘扬创新创业文化,激发全民创新创业的热情,掀起创新创业的热潮,打造推动经济发展和转型升级的强劲引擎。

（大赛官网：http://www.cxcyds.com/）

15.2　解读创业大赛的基本流程

1.初赛

(1)审议"创业计划书",评委会对"创业计划书"进行书面评审。

(2)选出若干件优秀作品进入决赛,淘汰较差的作品。

2.决赛

(1)书面评审,评分占比 30%。

(2)项目经营,评分占比 30%。

（3）秘密答辩，评分占比40%。

15.3　创业大赛作品可涵盖产业

（1）农林、畜牧、食品及相关产业类。

（2）生物医药类。

（3）化工技术、环境科学类。

（4）电子信息类。

（5）材料类。

（6）机械能源类。

（7）服务咨询类。

15.4　创业大赛的评审指标

1. 书面评审

（1）概述：是否简明、扼要，具有鲜明的特色。重点包括：对公司及产品/服务的介绍、市场概貌、营销策略、生产销售管理计划、财务预测，指出新理念的形成过程和对企业发展目标的展望，介绍创业团队的特殊性和优势等。

（2）产品/服务：如何满足关键用户需要；进入策略和市场开发策略；说明其专利权、著作权、政府批文、鉴定材料等；指出产品/服务目前的技术水平是否处于领先地位，是否适应市场的需求，能否实现产业化。产品不因过分超前市场而无法被接受。

（3）市场：市场容量与趋势、市场竞争状况、市场变化趋势及潜力、细分目标市场及客户描述、估计市场份额和销售额。市场调查和分析应当严密、科学。

（4）竞争：包括公司的商业目的、市场定位、全盘战略及各阶段的目标等，同时要有对现有和潜在竞争者的分析，替代品竞争、行业内原有竞争的分析。总结本公司的竞争优势并研究战胜对手的方案，并对主要的竞争对手和市场驱动力进行适当分析。

（5）营销：如何保持并提高市场占有率，把握企业的总体进度，对收入、盈亏平衡点、现金流量、市场份额、产品开发、主要合作伙伴和融资等重要事件有所安排，构建一条通畅立体的营销渠道，和与之相适应的新颖而富于吸引力的促销方式。

（6）经营：原材料的供应情况，工艺设备的运行安排，人力资源安排等。这部分要求以产品或服务为依据，以生产工艺为主线，力求描述准确、合理、可操作性强。

（7）组织：管理团队各成员有关的教育和工作背景、经验、能力、专长；组建营销、财务、行政、生产、技术团队；明确各成员的管理分工和互补情况，公司组织结构情况，领导层成员、创业顾问及主要投资人的持股情况；指出企业股份比例的划分。

（8）财务：包含营业收入和费用、现金流量、盈利能力和持久性、固定和变动成本；前两年财务月报，后三年财务年报。数据应基于对经营状况和未来发展的正确估计，并能有效反映出公司的财务绩效。

（9）整体表述：除以上 8 个部分，还需对计划书的整体表述进行评定，主要考查：整体表述是否条理清晰，重点突出；专业语言的运用是否准确和适度；相关数据是否科学、诚信、翔实。

 知识拓展

"挑战杯"赛创业计划书的要求与格式

"挑战杯"全国大学生系列科技学术竞赛由江泽民同志亲自题写杯名，由团中央、中国科协、教育部、全国学联共同主办，分课外学术科技作品竞赛和创业计划竞赛两类，每两年一届间隔举办，被公认为中国大学生的"科技奥林匹克圣会"。

要求：提出一个具有市场前景的产品/服务，并围绕这一产品/服务完成一份完整、具体、具有可行性和操作性的创业计划书。创业计划书是基于具体的产品/服务，着眼于特定的市场、竞争、营销、运作、管理、财务等策略，描述团队的创业机会，阐述可能得到和利用的资源。应当主要包括 9 个部分：概述、产品/服务、市场、竞争、营销、经营、组织、财务和整体表述。

创业计划书版面编排顺序是封页、空白页、作品申报表、标志设计方案诠释、保密须知，然后按下列顺序排列。

1. 目录。

2. 执行概要。包括公司、产品、市场、投资与财务、公司组织与人力资源。

3. 产品与技术介绍。包括产品介绍、产品背景、产品的用途与好处、产品优势与不足分析(运用图表对比的方式与国内外产品进行说明)、专利权、著作权、政府批文、鉴定材料等证明材料、技术介绍特别是核心技术介绍。

4. 公司介绍。包括公司性质、公司宗旨、公司简介、注册资本、组织构架、部门职责、公司团队(管理团队每个人的经验、能力与专长)、专家顾问团。

5. 市场篇。包括行业背景与现状、市场规模与发展前景(写变化趋势与发展潜力)、竞争分析、现有和潜在竞争者分析、竞争优势与战胜对手的方法、目标市场与市场定位(描述细分的目标市场与客户)、预计市场份额与数量、企业竞争力分析与对策的 SWOT 分析。

6. 运营篇。包括公司的基本情况、设立步骤与情况、生产管理(厂址的选择、生产线安置、生产设备及原料、工艺流程、人员安排)、质量管理(质量战略、质量管理主体过程、全面质量管理的具体过程)、研究与开发、人力资源管理、薪酬机制管理、创新机制管理。

7. 营销篇。包括市场特征(购买决策过程、销售渠道分析)、市场细分、目标市

场、产品定位、产品策略(产品、包装、服务、品牌、新产品研发)、价格策略(针对市场细分说明)、销售渠道、销售促进策略(广告、公关、人员推销)、市场开发与进入、市场占有率保持与提高的办法。

8.财务篇。包括财务分析、杜邦财务分析体系、财务比率分析、分析结论、预计销售趋势分析、预计销售额分析、财务报表、主要财务假设、成本费用表、利润表及利润分配表、现金流量表、资产负债表。

9.投资篇。包括股本结构与规模、资金来源与运用、投资假设、经营收入与成本预测、投资收益分析、项目敏感性分析、盈亏平衡分析、投资回报、投资回收政策。

10.风险与对策篇。包括技术风险、财务风险、成本控制风险、偿债风险、存货管理风险、应收账款管理风险、应付账款管理风险、价格控制风险、市场风险、市场开拓风险、原材料风险、用户协议风险、经营风险、管理风险。

11.风险资本的退出。包括退出方式、退出时间。

12.政策支持与法律保护。

13.附录。包括发明专利申请公开书、专利申请受理通知书、产品质量检验中心所检验报告或产品测评报告、科技查新报告、应用证明、科技成果鉴定证书、技术授权书、技术入股协议书、投资意向书、专家及企业家支持或专家评审意见表、公司章程、财务报表、市场调研报告、国家政策支持相关文件。

(资料来源:徐俊祥《大学生创业基础知能训练教程》)

15.5　创业大赛路演的相关练习

1.制作一份路演的PPT

创业计划PPT通用范例,见表15-1。

表15-1　创业计划PPT通用范例

页码	主要内容
第1张 背景页	公司名称/标志; 创始人姓名; 联系方式; 对演讲的听众表达致谢; 日期
第2张 概述	产品或服务的简介; 演讲要点; 简述项目的重要性和意义

续表

页码	主要内容
第 3 张 问题	说明亟待解决的问题； 通过调查研究证实问题,客户的想法,专家的观点； 问题的严重性
第 4 张 解决方案	说明解决方案的独特性； 展示解决方案在多大程度上促使客户生活变得更富足、更高效或取得更大效用； 你将如何防止他人短期内复制你的方案
第 5 张 目标市场	表明目标市场的具体定位； 展示目标市场规模、预期销售额和预期市场份额,并说明将怎样实现销售额
第 6 张 竞争分析	说明公司直接、间接的以及未来的竞争者； 展示竞争方略； 说明竞争优势
第 7 张 市场营销	说明总体市场营销策略； 描述定价策略； 说明销售渠道
第 8 张 管理团队	介绍现有的核心团队成员(个人背景、专长、分工协作)； 团队的优劣势分析,并说明将如何弥补劣势
第 9 张 财务规划	介绍未来 3~5 年总体的收入规划和现金流规划； 按照行业规范给出计划销售利润率
第 10 张 融资诉求	公司目前为止所取得的主要进展； 介绍公司股权结构； 介绍发起人、管理团队、前期投资者已经投入多少资金,说明资金的使用情况； 说明融资诉求、准备融资的数目及资金使用方式
第 11 张 总结	概括公司的最大优势； 概括创业团队的最大优势； 介绍公司的退出战略

2. 做好竞赛路演的准备

(1)确定谁是你的听众。

准备竞赛路演的第一步是尽可能多地收集你的听众的信息,所有的风险投资公司都有自己的网站,上面会列有公司曾经投资的企业和合作伙伴,通过网络搜索和仔细调查,也很容易找到有关天使投资者的背景信息。如果参加的是各类创业竞赛,那么如果能在比赛前了解一点评委的基本信息及背景资料,对展示创业计划可能会很有帮助。

必须把重点放在听众认为最重要的部分。风险投资者可能比较关注企业的发展速度及预期收益率;银行家往往关注现金流是否可以预测,以及怎样将风险降至最低;如果是一个天使投资人,可能关注项目的成长性和发展空间等相关问题;如果是大赛评委老师,可能关注项目的创新点及可行性论证。

(2)演讲内容的准备。

如果创业者演讲的内容考虑欠妥,或是遗漏了一些关键因素,那么项目推介就很难取得成功。创业者不可能在10～20分钟的时间内传递创业计划书内的所有信息,所以必须把重点放在听众认为最重要的部分。

小·贴士

许多商务演讲的专家学者都给出过一些创业计划演讲的模板。一些日常接触许多创业者以及他们的创业计划和演示的投资人建议:在准备创业计划PPT时最好遵循"10—20—30法则",即PPT不超10张,演讲时间不超20分钟,字体不小于30号(磅)。

虽然不同的项目因不同的需求,PPT页数有所不同,但陈述一般只需要使用10～15张幻灯片,不追求全面,要抓重点,尤其是投资者可能感兴趣的部分。

(3)演讲的准备。

商业演讲需要创业者快速切入主题,恰当地解释创业项目,语言翔实的同时不乏风趣灵活。在结构上需要体现较强的系统性与逻辑性;同时,在表达过程中可以自由添加或改变某些点作为介绍的拓展,一份背下来的介绍是无法激发听众的激情与兴趣的。

首先,要决定由谁来完成演讲。如果是单独创业,很显然,演讲由创业者单独完成。如果是一个团队,就必须决定到底由哪几位成员参加演讲,最好让核心团队成员都能参与,但不要超过4位,这也体现了团队成员间的分工协作。这样既可以激起听众的兴趣与注意力,使演讲节奏变化有致,也使听众对参与演讲的人都有所了解。

其次,要训练自己言简意赅的表达能力,训练自己用一分钟来表达、阐述创业企业的性质与职能。

随堂练习

利用定时器,训练自己在一分钟内阐述创业企业的性质、职能和目前状况,并请听众写出一句表达你公司性质与职能的话,把他们的答案与你自己说的内容进行比较,通过对比结果,修正自我表达方式与内容。

最后,需要进行反复的演讲练习。在同事和其他听众面前大声地练习,以期准确控制演讲的时间和获得大家有用的反馈。如果可能,最好能把自己说的内容拍摄下来,这样可以作为旁观者来检查自己的言谈举止和演讲内容。如果看着镜头能谈笑自如,那么你就知道自己可以随时上台了。观摩别人的演讲也是很好的学习,可以观摩一些现场或网络的相关商业演说,从中能总结出一些成功和失败的经验。

3. 进行项目路演

项目路演是指创业者或创业代表在讲台上向投资方讲解项目属性、发展计划和融资计划,一般分为线上路演和线下路演。路演要让投资家在安静的环境里在创业者声情并茂的展示下,真正读懂公司的项目,从而做出更为准确的判断。特别是一些技术性强的项目,要注意回避投资家看不懂和不理解的地方。创业者可以通过自己的精辟讲解和与投资家之间的交流,快速对接自己的项目,减少融资的障碍。

小贴士

路演(Roadshow)是指通过现场演示的方法,引起目标人群的关注,使他们产生兴趣,最终达成销售。路演在公共场所进行演说、演示产品、推介理念,及向他人推广自己的公司、团体、产品、想法的一种方式。

路演最初是国际上广泛采用的证券发行推广方式,指证券发行商通过投资银行家或者支付承诺商的帮助,在初级市场上发行证券前针对机构投资者进行的推介活动。

因此,路演有多种功能:一是宣传,让更多的人知道你;二是现场销售(主要是面对消费者的),增加目标人群的试用机会;三是要引起目标商家的注意(目标经销商),通过对自己产品的展示和销售方法的展示,促使他们感兴趣,并最终认可。路演不是目的,招商才是目的。

项目路演的具体流程如下:
(1)确定路演地点、时间等要素;
(2)制作展示用的多媒体材料;
(3)邀请参与嘉宾(或者直接参与他人组织的路演活动);
(4)现场展示;
(5)后续跟进。
项目路演展示的主要内容有:
(1)投资概要(市场前景、项目产品情况详细介绍);
(2)公司概况(公司简介、股权结构、管理团队、投资亮点、企业亮点);
(3)行业分析(行业发展分析现状、问题、趋势,国家相关产业政策);
(4)竞争分析(竞争状况,资源、合作模式、渠道、环境等优势分析,SWOT 分析）；

（5）商业模式（即盈利模式,怎么赚钱,怎么传递价值,核心竞争力）；

（6）公司发展战略（公司战略目标,市场开拓目标和规划）；

（7）企业资金需求及使用计划（投入总资金和使用计划,财务收益预测）；

（8）投资退出机制（股票上市、股权转让、回购,股利）；

（9）风险分析及应对措施（竞争风险、管理、政策等）。

如何在路演中说服投资人?

首先,路演时要展示专利或者获奖证书。因为作为投资人,既想了解项目的领先度,但又往往不是这个领域的专家。同时,投资人会关心你的产品什么时候能出来。资本都是要获利的,投资人不可能等你20年。市场是瞬息万变的,如果产品研发周期过长,等产品出来,市场可能就没有了。

其次,要展示商业模式上的创新。因为就算做大的市场,也要从最细小的点切入。很多创业者路演的时候喜欢谈平台,其实创业者需要反思,自己的工作经验是否能驾驭平台级产品。

最后,明确创业团队有没有明显的短板。无论对于技术创新型项目,还是商业模式创新型项目,团队都是投资人最关心的。技术创新的企业往往缺乏运营和市场营销能力,投资人会看运营和市场营销团队是否有相关的合伙人。而商业模式创新的项目,最大的问题不是你会怎么做,而是能否在短时间内迅速积累起大量用户,所以团队非常重要。另外,投资人还会关注产品经理是否优秀,创始人的履历如何。毕竟要判断未来能做好什么,得先了解以前做过什么。

创业者应该如何应对现场答辩与反馈环节? 创业者要能提前预见投资者可能会提出什么问题,就可以为此做好准备,例如:

（1）验明正身,你到底是谁?

（2）你要做什么,你的产品或服务到底有什么价值?

（3）你为什么要做这件事情?

（4）这件事情为什么重要?

（5）怎么做,你是不是有执行能力和成功的把握?

（6）为什么你能做这件事情（技术、团队、销售、竞争）?

（7）公司的股权架构是什么样的?

……

投资者可能会用很挑剔的眼光看创业计划,他们提出的问题可能会对项目成长有很大的帮助,会给创业者很大启发。回答问题阶段是非常重要的,此时投资者往往考察创业者是否挖掘到问题的本质,以及对新创企业了解多少。

现场回答问题要注意以下几个方面:

（1）对问题的要点能准确理解,回答具有针对性而不是泛泛而谈;

（2）能迅速做出回答,回答内容连贯、条理清楚、重点突出;

（3）回答问题建立在准确的事实和可信的逻辑推理上;

（4）陈述和回答的内容要遵循整体一致性原则；

（5）团队成员在回答时有较好的配合，能协调合作、彼此互补，对相关领域的问题能阐述清楚。

路演中还有一些细节需要创业者注意：

（1）演讲中最好用遥控器，坐在电脑前演讲或者请团队成员翻阅 PPT 都不如自己掌控演讲进度好。

（2）演讲不是朗读 PPT，演讲是一次有力的传递，是与听众的互动，创业者需要调动听众的情绪。

（3）不要盯着屏幕看，因为创业者在演讲时，是在和听众建立一种联系。创业者应该保持这种现场的联系。屏幕是在你身后补充演讲内容的，不能代替你。

（4）在介绍关键点时，可邀请听众辅助参与。

（5）最好能展示产品的样品。

项目实训

申报大学生创业计划大赛

1. 实训目的

（1）系统整合创业知识；

（2）磨炼创业团队；

（3）聚合创业资源网络；

（4）验证完善创业计划。

2. 实训要求

（1）以创业团队形式参赛，每队 5～8 人为宜；

（2）参赛者提出一项具有一定市场前景、具有一定实施可行性的产品或服务，在深入研究和广泛进行市场调查的基础上，完成一份把产品或服务推向市场的完整、具体、深入的创业计划书；

（3）申报创业大赛。

3. 实训步骤

（1）初赛：各参赛团队向任课老师递交创业计划大赛作品，由任课老师选出进入复赛的作品。

（2）复赛：对于进入复赛的项目，专家评审团进行电子稿审阅，评选出 10～30 支团队进入决赛。

（3）决赛：创业团队对创业项目进行项目现场路演，评委对创业计划进行实战性考察，要求参赛团队对策划书进行完善，也可提交新的创业计划书。

参考文献

［1］秋叶,黄晓敏.不要等到毕业以后［M］.北京:中信出版社,2020.

［2］斯科特·扬.如何高效学习［M］.北京:机械工业出版社,2013.

［3］吴军.吴军阅读与写作讲义［M］.北京:新星出版社,2021.

［4］吴晓波.大败局［M］.杭州:浙江人民出版社,2001.

［5］习近平.在知识分子、劳动模范、青年代表座谈会上的讲话［R］.北京:人民出版社,2016.

［6］田雲娴.轻创业故事、逻辑与方法［M］.北京:北京联合出版公司,2017.

［7］赵金来,董明冉.大学生创新创业教育［M］.北京:首都师范大学出版社,2019.

［8］龚群.工匠精神及其当代意义［N］.北京:光明日报,2021.